Álbum de familia

Editorial Alfa
Apartado postal 50304. Caracas 1050, Venezuela
e-mail: contacto@editorial-alfa.com
www.editorial-alfa.com

Alfa Digital
C. Centre, 5. Gavà 08850. Barcelona, España
e-mail: contacto@alfadigital.es
www.alfadigital.es

ISBN: 978-84-17014-66-7

Diseño de colección
Ulises Milla Lacurcia
Maquetación
Yessica L. Soto G.
Corrección de estilo
Magaly Pérez Campos
Retrato de la autora
© Lisbeth Salas
Imagen de portada
© Archivo El Nacional

Printed by CreateSpace, An Amazon.com Company

Álbum de familia

Conversaciones sobre identidad y cultura en Venezuela

MICHELLE ROCHE RODRÍGUEZ

EDITORIAL **ALFA**

Álbum de familia

Conversaciones sobre identidad y cultura en Venezuela

MICHELLE ROCHE RODRÍGUEZ

EDITORIAL **ALFA**

Quién sabe si al campamento le sucedió lo que suele ocurrirle a los campamentos: se transformó en un hotel. Ésa es la mejor definición de progreso que hemos tenido: convertirnos en un gigantesco hotel donde apenas somos huéspedes. El Estado venezolano actúa generalmente como una gerencia hotelera en permanente fracaso a la hora de garantizar el confort de sus huéspedes. Vivir, es decir, asumir la vida, pretender que mis acciones se traducen en algo, moverme en un tiempo histórico hacia un objetivo, es algo que choca con el reglamento del hotel, puesto que cuando me alojo en un hotel no pretendo transformar sus instalaciones, ni mejorarlas, ni adaptarlas a mis deseos. Simplemente las uso.

José Ignacio Cabrujas, 1987

ÍNDICE

DETALLES DE LA CULTURA NACIONAL

La cultura es esencial a la Revolución Bolivariana. Ningún gobierno de la era electoral venezolana había puesto antes tanta atención al tema, no solo desde el punto de vista formal sino desde el semántico, pues no solo desarrolló un enorme aparato institucional para el área, sino que reformuló algunos símbolos que habían sido, al menos desde 1958, imágenes de la identidad nacional.

El tema formó parte de la discusión social desde que en 1999 comenzaron las propuestas para la redacción de la nueva Carta Magna prometida por la campaña presidencial de Hugo Chávez durante el año anterior. Fue bajo la gestión del abogado Alejandro Armas como presidente del Consejo Nacional de la Cultura que se incluyeron en la Constitución cuatro artículos (98, 99, 100 y 101) en los que se especifican las condiciones regulares de la materia: se protegen la libertad de creación, la propiedad intelectual, la autonomía de la administración y el patrimonio cultural, además del legado de las culturas populares. Esto es más de lo propuesto por la Constitución antecesora, de 1961, en la cual solo los artículos 78, 80 y 83 aludían al tema. En ellos se señalaba el derecho nacional a la educación, cuya finalidad era el fomento de la cultura, y el deber del Estado en este sentido.

En 2001, durante la gestión de Manuel Espinoza en el Conac, ocurrió la llamada Revolución Cultural, cuando el presidente Chávez, por televisión, anunció a las autoridades de trece instituciones del área la remoción de sus cargos. Sobrevino la

intensa reestructuración del aparato cultural y comenzaron las
discusiones para una Ley Orgánica, necesaria para hacer ope-
rativos los cuatro artículos constitucionales. Pero no llegaron a
nada. Hoy, más de una década después, todavía no se concreta
un marco legal para el sector.

Cuando en 2005 se creó el Ministerio del Poder Popular para la Cultura, Francisco Sesto Novás tenía dos años como
director del Conac y viceministro, cargo adscrito al Ministerio de
Educación, Cultura y Deporte. Debido a las circunstancias, su
gestión implicó una reestructuración incluso más profunda que
las anteriores. Los cambios privilegiaron la centralización de las
actividades culturales a través del nuevo ministerio, restándole
autonomía a las instituciones tradicionales, como por ejemplo los
museos, la Biblioteca Pública o Monte Ávila Editores. El proceso
se concretó a través de la instauración de las cinco plataformas
en las que pasó a organizarse todo el sector: la del Cine y Medios
Audiovisuales; la de Pensamiento, Patrimonio y Memoria; la de
Artes Escénicas, Musicales y Diversidad Cultural; la de la Imagen y el Espacio y la Plataforma del Libro y la Lectura. A esto se
le sumó la creación de nuevos organismos, como la editorial El
Perro y la Rana, para realizar publicaciones masivas de bajo costo,
y una productora del Estado venezolano, la Villa del Cine.

Sesto Novás ha sido el ministro de Cultura con más años de
gestión, pues luego de que finalizara su período en 2008, volvió
en 2009, después de que Héctor Soto estuviera en el cargo apenas
un año. El titular del despacho ahora es Pedro Calzadilla, cuya
visión de la cultura nacional puede leerse en una de las entrevistas que constituyen este texto.

En cuanto a los contenidos simbólicos, la influencia de la
Revolución Bolivariana y su relación con la identidad nacional ha
sido más radical. En casi tres lustros, el bolivarianismo ha intentado
reescribir las principales representaciones de la nación venezolana.
En 2006, incluyó una estrella en la bandera (en representación

de la provincia de Guayana) y cambió hacia la izquierda la dirección en la que corre el caballo del escudo nacional. Cuatro años
después trasladó los documentos de Simón Bolívar y Francisco
de Miranda al Archivo General de la Nación y, luego, decretó
la exhumación del cadáver del llamado Padre de la Patria. La
Revolución Bolivariana llegó al extremo de cambiarle el espacio
y el tiempo a los venezolanos: en 1999, la nueva Constitución
rebautizó a la república poniéndole el apellido «Bolivariana» y
en 2007 añadió 30 minutos al huso horario -4:00 GMT.

    Álbum de familia se escribió entre 2011 y 2012 bajo la
sombra de un diagnóstico fatal pesando sobre la salud del presidente Chávez y durante la contienda electoral que enfrentó por
la Presidencia de la República a los polos que han protagonizado la escena política durante más de catorce años y de la que
resultó ganador, una vez más, el oficialismo. Pero el año 2012
también marca una década desde la marcha del 11 de abril y el
breve golpe de Estado del día siguiente, acontecimientos que no
solo radicalizaron la Revolución Bolivariana y dividieron al país
entre sus seguidores y detractores, sino que arrojaron un saldo de
emigrantes como nunca antes se había registrado. Desde abril
de 2001 los venezolanos, en el exilio o no, estamos obligados a
interrogarnos constantemente sobre nuestro grado de filiación a
la nación y sobre nuestra condición de ciudadanos en revolución.
Adicionalmente, luego de los resultados de las elecciones del 7 de
octubre de 2012 se hace apremiante la búsqueda de concordia
entre oficialistas y opositores para que las decisiones políticas del
futuro representen, no a una mayoría, sino a los venezolanos. Por
eso, las preguntas sobre qué significa ser venezolano, así como
también sobre los valores, símbolos y creencias de esta cultura
no hacen sino multiplicarse.

    La propuesta de este libro es revisar las coincidencias entre
las mentalidades que pueblan la ciudad letrada de la República
Bolivariana de Venezuela. Si bien en el ámbito intelectual con-

temporáneo «la ciudad letrada» identifica la vida literaria de las urbes, donde los escritores cuestionan o pactan con los gobiernos, Ángel Rama, quien acuñó la frase, analiza en su libro al respecto el comportamiento de quienes han estado encargados de interpretar las palabras, a partir de sus relaciones con el poder. En el uso que hago de esta expresión, me refiero principalmente al primer sentido, en la esperanza de invocar en la mente del lector la imagen de un grupo de pensadores que leen los signos de su país y pretenden revelarnos sus significados.

Las indagaciones sobre el sentimiento de pertenencia a un Estado-nación como las que propongo en este libro se inscriben dentro de los estudios culturales latinoamericanos, pues no solo la idea de mismidad (parecerse al otro), sino el procedimiento hermenéutico de cuestionarse sobre esto remite al territorio simbólico en el que la sociedad elabora sus representaciones. En otras palabras, tanto las preguntas cuyas respuestas construyen el concepto de identidad como su definición misma pertenecen al ámbito semántico de la cultura, el universo simbólico que determina el sentido de las imágenes que se producen en una población y en el que también se encuentran la tradición y la historia.

La reflexión de la que surge esta serie de entrevistas viene de asumir la historia venezolana en términos dialécticos. Si la democracia bipartidista en la que se alternaban Acción Democrática y Copei representó la tesis inicial del sistema democrático y la Revolución Bolivariana evidenció los errores y vacíos de las administraciones anteriores a manera de antítesis, cabría que los intelectuales nacionales comenzaran a preguntarse qué podría proponerse como una síntesis entre las dos visiones de la democracia y las dos propuestas de identidad nacional. Las opiniones contenidas en este libro pretenden enunciar los primeros elementos para responder a esa pregunta.

En las páginas que siguen indagaré sobre qué aspectos de la venezolanidad son aún incluyentes para las diversas posturas políticas. Si la identidad nacional es el relato que engloba a una comunidad: cuáles son las visiones coincidentes entre los seguidores y detractores de la Revolución Bolivariana, cómo describen dichas visiones la mentalidad y las paradojas de los venezolanos y, en relación con estas dos reflexiones, qué temas de la cultura se perciben como más urgentes.

Con estos objetivos en mente, me planteé la indagación acerca de las imágenes de la venezolanidad a través de la convocatoria a quince especialistas, artistas o gestores culturales. Claro que todas las antologías y selecciones son injustas y pueden parecer arbitrarias. Esta no es la excepción. La inclusión de estos nombres responde a mi propia familiaridad con su obra. En los años que he trabajado en la fuente de cultura del periódico *El Nacional* he leído decenas de publicaciones y sostenido innumerables entrevistas con actores que pretenden entender el impacto de la Revolución Bolivariana en la cultura y en la cotidianidad del venezolano. Aquellos cuyos postulados me han llamado más la atención están en este libro, especialmente quienes trabajan sobre la tradición, las mentalidades, los mitos y los arquetipos que construyen la cultura de los habitantes de Venezuela. Como el ánimo de este libro es conciliatorio y tiene por objeto reunir las visiones de quienes tienen maneras de pensar distintas y posiciones políticas antagónicas, se incluyen también aquellos que hayan expresado su filiación a la Revolución. Igualmente, las páginas que siguen no pretenden ser la autoridad final sobre la identidad del venezolano, sino una invitación a leer los símbolos de la cultura nacional desde distintas perspectivas. Es mi anhelo que estas páginas susciten la curiosidad de otros periodistas o investigadores del tema, animándolos a completarlo, bien sea con el aporte de entrevistas a quienes me faltó incluir o formulando otros enfoques. Además, como un efecto colateral de estas conversaciones, a lo largo de las páginas que siguen, los lectores podrán observar un retrato de la situación de la cultura en Venezuela, a través de las descripciones de algunos de sus protagonistas.

Abre la serie mi conversación con Elías Pino Iturrieta, quien ha dedicado sus obras a entender las mentalidades de sus compatriotas durante toda la vida republicana del país. Al historiador le sigue Luis Britto García, quien en numerosos ensayos analiza el perfil nacional y, con especial énfasis, los cambios propuestos por la Revolución Bolivariana. También el psicólogo Áxel Capriles, cuyos libros interpretan los arquetipos que pueblan el territorio nacional, está convocado en este volumen.

Carmen Hernández, Javier Vidal, Román Chalbaud y Marcelino Bisbal hablan desde la perspectiva de las áreas culturales a las que se dedican. Hernández es crítica de arte y presenta un panorama no solo de la institucionalidad museística en el país, sino de la discusión sobre la plástica que se lleva a cabo actualmente y cómo eso define a la nación. Vidal, además de ser una de las caras más conocidas de la televisión venezolana, es actor, director de teatro y dramaturgo y se ocupa del estado del teatro nacional y de cómo los contenidos representados sobre las tablas dibujan el perfil del venezolano. Chalbaud es una de las figuras centrales del cine nacional porque fue uno de los fundadores de esta tradición en el país y desde allí conversó conmigo. Bisbal, por su parte, es especialista en el estudio de medios de comunicación y su perspectiva es imprescindible para cualquier estudio de la cultura, porque conoce bien el desarrollo de los medios de comunicación en Venezuela y América Latina, así como la influencia de la globalización en la elaboración de identidades étnicas, regionales o nacionales.

Como el comunicólogo pero desde perspectivas profesionales más amplias, Iraida Vargas, Margarita López Maya y Ana Teresa Torres presentan tres interpretaciones sobre la venezolanidad que no pueden dejarse de lado. Inscrita en visiones de la postcolonialidad y la nueva izquierda, Vargas ha realizado estudios sobre la Revolución Bolivariana que son cruciales para entender sus bases ideológicas. López Maya desentraña los significados posibles y reales del Socialismo del Siglo XXI. Es Torres, sin embargo, la que obtuvo reconocimiento fuera de las fronteras por analizar a Simón Bolívar como tótem de la cultura nacional en *La Herencia de la Tribu: Del mito de la Independencia a la Revolución Bolivariana* (2009), ensayo finalista del Premio Internacional Debate-Casa de América.

El ministro de la Cultura, Pedro Calzadilla, abre la sección de entrevistas a gestores culturales con los que finaliza el libro. Le suceden las charlas con Antonio López Ortega, Carlos Noguera y Gisela Kozak Rovero, quienes comparten la peculiaridad de ser narradores y dedicarse a la administración cultural o a su estudio. Ortega trabaja en este ámbito para el sector privado y Noguera es presidente de la editorial estatal, Monte Ávila Editores. Kozak Rovero perteneció al equipo de especialistas en el área cultural que asesoró a la Mesa de la Unidad Democrática y al candidato presidencial Henrique Capriles Radonski y desde hace años dicta cátedra en la Universidad Central de Venezuela sobre temas de administración cultural.

El gestor que cierra las entrevistas es el maestro José Antonio Abreu, director del Sistema de Orquestas Infantiles y Juveniles de Venezuela. Su presencia en este libro es más que necesaria, pues él ideó el proyecto artístico más importante del país, no solo por su renombre internacional sino por el impacto social que tiene al emplear la promoción de una actividad artística para rescatar a los niños de los estratos más pobres del país. La entrevista de Abreu es distinta del resto en su estructura, pues ante el éxito de El Sistema como proyecto social y artístico, mi objetivo era proponerlo como ejemplo de un país donde la cultura funcione como un motor social en el que los méritos individuales y grupales permitan la proyección internacional de la identidad nacional, pues ¿quién duda de que una de las imágenes más fuertes de Venezuela en el extranjero en la actualidad es la de una nación de grandes músicos?

Antes de pasar a las conversaciones, son necesarias unas palabras sobre la metodología empleada. En los casos en los que fue posible, se aplicaron dos rondas de preguntas. La primera se trató de un cuestionario general que se podía contestar por correo, con el objeto de que el entrevistado revisara la bibliografía que considerara necesaria. En la segunda, cada uno sería cotejado con sus respuestas, así como con su experiencia personal y profesional. Las preguntas que se repiten a lo largo de estas páginas intentan determinar qué mitos pueblan la psique del venezolano y qué perfil nacional construyen, así como sus necesidades culturales.

En las páginas que siguen, el lector conocerá las opiniones de actores culturales de posiciones políticas contrastantes mientras intentan reconstruir los imaginarios de una nación que parece haber perdido vínculos con su tradición. Quizá, en el ejercicio de escudriñar en las mentalidades que se propone esta serie de entrevistas, aparezca un recuerdo que pueda contribuir a la reconstrucción de la identidad escindida. Si esto ocurre, aunque sea solo en parte, los objetivos de este libro estarán cumplidos.

Michelle Roche Rodríguez
Caracas, 2012

LA RIQUEZA COMO PARADOJA
ELÍAS PINO ITURRIETA

> (…) hay que insisitir en el análisis de los dos fragmentos
> de identidad que nos dominan: el discurso
> del pueblo incompetente y el del republicanismo.

Elías Pino Iturrieta ha dedicado su vida a entender cuál es el origen de las formas de pensar que articulan las acciones de los venezolanos. Ya parece un lugar común llamarlo el historiador de las mentalidades, pero no queda otra que repetirlo, pues es evidente: desde sus primeras investigaciones ha intentado meterse en los vericuetos de las mentes de sus compatriotas. Hasta la fecha, el doctor en Historia por el Colegio de México ha publicado textos fundamentales entre los cuales se cuentan *La mentalidad venezolana de la emancipación. 1810-1811* (1978); *Positivismo y gomecismo* (1978); *Las ideas de los primeros venezolanos* (1987) y *Fueros, civilización y ciudadanía* (2000).

«Se supone que existe una sensibilidad antigua que determina el desarrollo de la sensibilidad posterior en términos colectivos (…) Cuando a uno lo fundan como sociedad tiene sus dioses y sus demonios relativos al poder, al sexo, a la riqueza, a la virtud y al pecado. Eso no significa que la sociedad no cambie, sino que cambia relativamente y hay que afinar muy bien la mirada para ver en qué medida ocurre una metamorfosis. Ese es el 'truco' de la historia de las mentalidades: ver cómo cambiamos en términos muy sutiles», le explicó en una entrevista al periodista Albinson Linares el director del Instituto de Investigaciones Históricas de la Universidad Católica Andrés Bello (2006, p. 4).

También ha metido las manos debajo de las faldas del pasado para entregar volúmenes sobre las costumbres sociales, como

puede leerse en su libro *Contra lujuria, castidad* (1992), donde
examina tres casos de transgresión en la aristocracia criolla del
siglo XVIII: dos clérigos y nada menos que el padre de Simón
Bolívar. Y también en *Ventaneras y castas, diabólicas y honestas*
(1993), donde estudia las maneras de pensar sobre las mujeres
en el siglo XIX.

Para seguir con la enumeración de la bibliografía del miembro de la Academia Nacional de la Historia, debe señalarse que
sus obras más recientes –*Ideas y mentalidades de Venezuela* (2008),
constituida por 17 monografías breves que muestran las maneras
de pensar en distintas épocas, y *La independencia a palos* (2011),
nueve ensayos que intentan sacar de la leyenda al proceso emancipador– se han editado varias veces para satisfacer la demanda
creciente de sus libros. Esto es una manifestación de una tendencia recurrente desde el año 2002, cuando los ensayos sobre
historia comenzaron a ganar puntos en las listas de preferencias de los venezolanos, agobiados por la polarización política
y la constancia de los temas relacionados con la Independencia
en los discursos políticos contemporáneos. Los ensayos de Pino
Iturrieta, además, llaman la atención porque se escapan de la
narración histórica tradicional para tratar de explicar los orígenes intelectuales de los males atávicos nacionales, y la mayoría
tiene un contenido político que apunta hacia la configuración
de la contemporaneidad.

En las más de tres décadas que Pino Iturrieta se ha dedicado
al análisis de estos temas ha logrado armar una arqueología de
ciertas paradojas que agobian a los venezolanos, como su tendencia a ser demócratas aunque tengan un desapego cívico que
los lleva a preferir a los caudillos, la idea de que nunca su país
será tan esplendoroso como en la Independencia y la figura del
Padre de la Patria aglutinadora de dos cultos bolivarianos contra-
dictorios: el popular y el académico. A estos debe agregarse la
insólita costumbre de que, a pesar de vivir en crisis desde hace

más de treinta años, los venezolanos se asuman como habitantes de un paraíso. «Por desdicha, la impresión de vivir en la 'tierra de gracia', el sentimiento de experimentar un tránsito por un espacio pródigo en regalos de toda especie, la seguridad en torno al aprovechamiento de unos atributos naturales que sólo puede escamotear el demonio, como sucedió en el Génesis, se han transformado en una constante de la explicación de la sociedad que ahora llamamos Venezuela», escribe en *Ideas y mentalidades de Venezuela* (2008, pp. 15-16).

Debido a su preocupación por dilucidar los mitos que, incrustados en las cabezas de sus compatriotas, les distorsionan la realidad, los ensayos del profesor que también fue decano de la Facultad de Humanidades en la Universidad Central de Venezuela son cruciales para entender las contradicciones fundamentales de los venezolanos. Por eso su presencia en la publicación que tiene usted entre manos, más que importante, es necesaria.

–¿Cree que es importante en este momento hablar de identidad nacional?

–El tema siempre tiene vigencia porque nos impele a averiguar qué nos distingue como sociedad; en estos últimos años, sin embargo, se vuelve crucial porque vivimos un intento de presentarnos como distintos de lo que éramos en el pasado, sobre todo en el reciente. Puede decirse que este es un intento vano del gobierno, pues la identidad es un proceso lento de evolución. Se requieren siglos para que se pueda pasar del entendimiento de una realidad compartido por todos a otro entendimiento de la realidad también compartido por todos. Se pueden intentar modificaciones, incluso decretarlas, pero en el fondo la sociedad generalmente responde de acuerdo con el mandato de sus difuntos. La identidad es un reflejo de la mentalidad y es muy difícil que se la pueda modificar por decreto oficial.

–En más de una década al mando, nada dejó intacto el bolivarianismo que rebautizó al país (1999), reformuló la bandera y el escudo nacional (2006), cambió de hora (2007), trasladó los archivos de Simón Bolívar y Francisco de Miranda al Archivo General de la Nación (2010) y promovió la exhumación del cadáver de Bolívar (2011). ¿Estos hechos y algunos que se escapan de esta enumeración son parte de este proyecto de reescritura del pasado con el objeto de centralizar un nuevo imaginario de la identidad nacional alrededor de la República Bolivariana como Estado-nación?

–Vamos por partes. En primer lugar, los intentos de modificación de los símbolos patrios son apenas detalles; en el fondo no sucede nada: a la bandera se le agrega una estrella y al escudo se le introducen un arco y flecha en el cuartel superior derecho y se le cambia la orientación del caballo, que ahora corre hacia la izquierda. Los símbolos de la patria son inamovibles y a pesar de que cambien detalles siempre hay una sola manera de entenderlos. Parte de la sociedad informada lo vio como un agravio, pero la mayoría no para mientes en este asunto. Miremos, por ejemplo, el caso de la Unión de Repúblicas Socialistas Soviéticas, que cambió la bandera tradicional del país por la roja con la hoz y el martillo. Cuando cayó el comunismo, y a pesar de tantos años de dominación de ese sistema que iba contra las monarquías, volvieron a la bandera de la Madre Rusia, que canonizaba el zarismo, porque a pesar de lo profundo, pronunciado y extenso que fue el movimiento bolchevique, no pudo cambiar las mentalidades completamente.

–¿Y el traslado de los archivos de Miranda y Bolívar?

–Ese tema puede ser más complicado, porque significa la posibilidad de un control monopólico sobre la memoria de la Independencia. Los documentos administrados por el Archivo General de la Nación no admiten controversia en términos de legalidad, pero es un problema en la medida en la que se pretenda restringir la consulta de esos materiales a solo un elenco de investigadores dependientes del gobierno o del Centro Nacional de Historia[1]. Este último organismo es una creación oficial con el objeto de cambiar la memoria de la sociedad, pues en un decreto (anterior a este episodio de los archivos) el gobierno establece que el CNH será el «rector de la memoria nacional»; eso puede ser grave porque implica la imposición de una rectoría de los recuerdos y eso solo existe en regímenes totalitarios. Seguramente sea vano el intento, pero el solo hecho de proponerlo nos tiene que llenar de alarma, por ser parte de una serie de mecanismos para dirigir la orientación de los recuerdos. Si eso se dirige hacia los venezolanos en edad escolar, constituiría la siembra de recuerdos ajustada al interés político del gobierno y allí caeríamos en un proceso que, a largo plazo, pudiera abrir la posibilidad de la modificación de la identidad, pues esta depende de cómo nos relacionamos con los antepasados.

–¿Y cuál es el significado del cambio de nombre del país en la Carta Magna de 1999?

–La nueva Constitución que modificó el nombre del país significó la amputación de la historia y el establecimiento de la Independencia como período central, lo cual significó la negación de la Colonia y de todo lo que se hizo antes de la llegada de Chávez. Se trata de un nuevo sacramento que nos hace a la fuerza bolivarianos a todos por mandato constitucional. Es un nuevo evangelio este bolivarianismo, y como los ayatolás que fundan las naciones islámicas, Chávez funda una república donde refuerza el vínculo entre nuestra sociedad y nuestro pontífice laico, Bolívar.

---

1 La Fundación Centro Nacional de la Historia se creó el 17 de octubre de 2007 (decreto 5.643, publicado al día siguiente en *Gaceta Oficial de la República de Venezuela*, número 38.792) y el 27 de mayo de 2008 se publican en *Gaceta Oficial* (38.939) los nuevos objetivos de la institución adscrita al Ministerio del Poder Popular para la Cultura. Según el texto legal, su objeto es «ejercer la rectoría de las políticas tendentes al desarrollo de las actividades del Estado venezolano, orientadas a la investigación, conservación, preservación y difusión de la historia nacional y de la memoria colectiva del pueblo venezolano».

—La otra parte de la pregunta tenía que ver con la exhumación del cadáver de Bolívar.

—En el proyecto que tiene el gobierno para cambiarnos la historia dio su paso más delicado con esa exhumación, porque se metió con el único elemento aglutinante de la sociedad venezolana. El culto a Bolívar nos unifica y si alguien se apropia de sus restos mortales, proclamándose como sumo pontífice de su culto, provoca una reacción de buena parte de la sociedad. La comunidad sabe que nadie tiene el derecho de tocar al tótem y, cuando alguien lo hace, puede ser negativo. Aquí es donde la gente comienza a rechazar la propuesta de modificación de la identidad que se esconde detrás de este gesto. Al tocar los huesos de Bolívar, Chávez se equivocó de tecla.

—¿Y tiene pruebas de esa equivocación?

—La manera en que comenzaron a correr rumores absurdos que hablaban de una supuesta maldición de Bolívar. Al parecer, así como hubo una maldición para los profanadores de la tumba de Tutankamón, se supone que hay una para los profanadores del sarcófago del Padre de la Patria. Por eso comenzaron a hablar de las enfermedades y muertes de algunos miembros del gobierno relacionados con este hecho. Incluso muchos dicen que la misma enfermedad del presidente Chávez es consecuencia de eso. Por supuesto que esto es una tontería, pero evidencia que la exhumación fue una herejía para los venezolanos. Si Chávez se mete con la identidad, atenta contra una parte de su soporte. Así comienza a andar en una cuerda floja cuando quiere interpretar a su manera la Independencia: es un tema frágil y peligroso. En la medida en que intenta borrar esas memorias, aunque sea para reescribirlas, modifica los fundamentos de su propia influencia.

—Quizá no sea casual que estos cambios ocurran en la época de la conmemoración de los bicentenarios. ¿Cómo ha contribuido la discusión de historiadores, cualquiera que sea la filiación política de estos, a la lectura de la Independencia en el país?

—Todo lo que ha hecho Chávez en su conmemoración de los bicentenarios es igual a lo que se hizo en los centenarios, que ocurrieron durante el gobierno de Juan Vicente Gómez: en ambos casos se habló de una obra portentosa, del período estelar de la historia y se seleccionó a un grupo de protagonistas que dejaron a la sociedad en segundo plano. La diferencia es el contenido. Chávez quiere darle un carácter más popular para vincular su proyecto de acercamiento a las multitudes con la Independencia.

—¿Existe un Bolívar popular?

—Sí, en la medida en que hay un culto nacido en el seno del pueblo que conduce a la canonización de Bolívar. Hay dos cultos: el de la república letrada, que es el propio de la academia o de la política, y el popular, que es espontáneo y se origina inmediatamente después de su muerte, en 1830, y que llega hasta hoy a los altares de María Lionza. Ningún gobernante, hasta Chávez, se había atrevido a juntar los dos cultos y eso le dio una dimensión al mito que no tenía antes.

—¿Pero esto no crea paradojas, porque el Bolívar que dirige la gesta emacipadora era un hombre con una conciencia de clase de blanco criollo?

—Por supuesto, crea situaciones que no se pueden explicar. Pero el culto no requiere razonamientos, más bien los rechaza y no le importa que el evangelio popular se mezcle con el canónico. La contradicción la advierten los letrados, pero no el pueblo en general. Bolívar es el evangelio y nadie se mete con el evangelio sin pagar las consecuencias. Pasa como con el culto a José Gregorio Hernández, que lleva el camino eclesiástico, pero a la vez el popular, y por eso no se le ha canonizado: la Iglesia por obligación teológica y doctrinaria rechaza ese culto popular. Ese colegio de cardenales no existe en el gobierno. Chávez es el papa absoluto y a él no le importan las contradicciones, las herejías o los pecados.

–**En sus investigaciones ha estudiado el desarrollo de las mentalidades en el país, donde uno de los movimientos intelectuales de más influencia fue el positivismo. ¿Cómo repercute esta manera de pensar en la actualidad?**

–El influjo del positivismo en la sociedad venezolana es enorme y no se puede rebatir por su prolongación en el tiempo, pues es más duradero aquí que en el resto de América Latina. Se establece alrededor de 1884, cuando aparece el primer documento de filiación positivista en la Universidad Central de Venezuela y, cuando ya comienza a formar parte del basurero de la historia en el resto de la región, en este país coge un segundo aire con el gobierno de Gómez, por lo cual está vigente hasta, digamos, 1935. Por más de cincuenta años se le propuso al venezolano un entendimiento riguroso de la sociedad que consistía en hablar de sus defectos. El mensaje del positivismo era que la sociedad venezolana estaba condenada fatalmente a nunca llegar a la democracia. Eso es gravísimo, pues señalaba que taras geográficas, físicas e históricas nos impedían evolucionar hasta el estadio superior, que así llamaba Auguste Comte en su catecismo positivista a la democracia[2]. Esta filosofía proclamaba que por sus debilidades intrínsecas los venezolanos necesitaban la dirección de un «hombre fuerte y bueno». Así llamaba José Gil Fortoul al general Juan Vicente Gómez, que desde 1903 apareció en la historia nacional y cuando se hizo con el poder se rodeó también de un elenco de cerebros. De allí viene la existencia de los notables, los intelectuales que determinan la vida de la sociedad. Ya

---

2 Auguste Comte (1798-1857) fue uno de los representantes más importantes del positivismo francés. Su obra más famosa son los seis volúmenes de *Curso de filosofía positivista* (1830-1842), donde expone sus ideas sobre esta corriente filosófica e introduce los cimientos de la sociología. Una tesis central de su teoría era la «Ley de los tres estadios», en la que señalaba que las comunidades pasaba por tres estados intelectuales: el teológico, el metafísico y el positivo. Era este último el que Comte consideraba mejor porque los fenómenos sociales podían explicarse por la observación y el entendimiento científico. En: Audi, R. (Ed.). (2005). *The Cambridge Dictionary of Philosophy* (2.ª ed.). Nueva York: Cambridge University Press.

se están anunciando Arturo Uslar Pietri y el grupo de lumbreras que acompañan al general Isaías Medina Angarita en su gobierno, que son quienes impiden el voto universal, directo y secreto y esta negativa termina por conducir al golpe militar de 1945[3]. Todo esto es fundamental porque nos metió en la cabeza y en el pellejo la idea de que somos un pueblo inepto y de que solo los intelectuales que rodean al hombre fuerte y este mismo pueden poner orden y conducir el país al progreso.

–Pero ¿por qué tuvo tanta influencia si el positivismo es una doctrina de mediados del siglo XIX?

–El origen de estas ideas, en las que se asume a unos grupos humanos como aptos y a otros como ineptos, se ubica en la Colonia. La Ley Canónica de 1687 proclamaba que Venezuela era una multitud promiscua que dependía de los padres de familia, es decir, los blancos criollos que son el soporte del trono y de la Iglesia. Esta clase social, en condominio con el gobierno y la Iglesia, administraba a los ineptos que eran la multitud formada por los negros, los indios y los sujetos nacidos de su mezcla. Es decir: la mayoría del país. Creían que ellos no eran competentes y que el padre de familia y blanco criollo tenía que guiarlos, hasta

---

3 Tras la muerte del general Gómez lo sucedieron los generales Eleazar López Contreras (1935-1941) e Isaías Medina Angarita (1941-1945). Luego de la brutal dictadura de Gómez, ambos generales auspiciaron la legalización de varios partidos políticos. Marcados por la inminencia de los próximos comicios electorales, en el año de 1945 fue intensa la discusión política. López Contreras aspiraba a volver a la presidencia y Medina Angarita había designado ya a un sucesor, Ángel Biaggini, el entonces ministro de Agricultura y Cría. Acción Democrática manifestó que no participaría en las elecciones, por no confiar en la forma de elección de los poderes públicos. «Era antidemocrática en extremo: los varones alfabetos mayores de veintiún años elegían a los concejales y a los diputados regionales (…); los primeros a su vez elegían a los diputados al parlamento, y los segundos a los senadores. Los cuales en cámara plena elegían al Presidente de la República: ¡una elección de tres grados!» En: Caballero, M. (2007). *La crisis de la Venezuela contemporánea (1903-1992)* (5.ª ed.). Caracas: Editorial Alfa. El golpe al que se refiere Pino Iturrieta es el que dieron un grupo de militares jóvenes, liderados por Marcos Pérez Jiménez, y un grupo de miembros de AD, comandados por Rómulo Betancourt, el 18 de octubre de 1945, y se formó entonces una Junta Revolucionaria de Gobierno en la que siete integrantes de AD compartían el poder con los mayores Carlos Delgado Chalbaud y Mario Vargas.

el día del Juicio Final. La Ley Canónica es el primer documento importante que nos permite entender la mentalidad venezolana. La idea de la ineptitud del pueblo es muy importante y el positivismo la oficializa, siglos después. Esta misma manera de pensar aparece incluso en el Discurso de Angostura[4], en 1819, cuando Bolívar habla de un pueblo inepto, erigiéndose como su pedagogo y proponiendo un senado hereditario formado por gente como él. Durante el resto del siglo XIX se repite esa historia a través de otros pensadores fundamentales como Fermín Toro y Cecilio Acosta, quienes escribían que lo bueno y lo malo de Venezuela era su pueblo, el mismo que en su época estaba desbandado en la calle siguiendo a Ezequiel Zamora. Este discurso lo vas a encontrar también en Uslar Pietri, en Augusto Mijares y en Mario Briceño Iragorry. El positivismo es un discurso constante sin solución de continuidad en la historia de nuestro país.

–Claro, ¿y qué otra cosa es *Doña Bárbara*?

–Sin duda, ese libro es uno de los productos más grandes de la influencia positivista. El mismo nombre de Santos Luzardo lo dice burdamente: la luz y la santidad reunida en un hombre, contra la barbarie.

–Si el positivismo fue una corriente intelectual de influencia en toda Latinoamérica, ¿por qué fue más fuerte en Venezuela?

–En el resto de la región impera también la doctrina positivista, pero languidece a finales del siglo XIX. Para nosotros, sin embargo, se fortalece en el siglo XX con la aparición del general Gómez en la primera década del siglo. El positivismo tiene un sentido práctico: busca prever comportamientos. Comte decía que el pensamiento no tenía sentido si no se aplicaba a la sociedad.

---

4 El Discurso de Angostura fue la intervención que realizó Bolívar ante el congreso reunido en esa ciudad del sur de Venezuela. Allí analiza la realidad política de Colombia y Venezuela en el contexto de las guerras de independencia. Debate los principios del centralismo o el federalismo y propone la formación de un cuarto poder público: el moral.

Así que los intelectuales encontraron en Gómez y en su gobierno un laboratorio para aplicar la sabiduría de Auguste Comte y de Herbert Spencer. Además, esto coincide con que el «hombre fuerte y bueno» tiene dinero del petróleo para amansar y civilizar a la sociedad. Por el otro lado, los intelectuales que lo rodean son figuras muy respetables, como Laureano Vallenilla Lanz, Manuel Arcaya, José Gil Fortoul, las que validan la dictadura de Gómez, ¿quién se atrevería a descalificarlos? Incluso actualmente los investigadores se cuidan mucho, pero no debemos olvidar que ellos fueron los promotores de esa propuesta que nos condena a la minusvalía. Quien estudie mentalidad o identidad venezolana tiene que detenerse en el discurso de la ineptitud que nos viene desde 1687, por lo menos, y que llega hasta hoy. Es esa mentalidad que nos dice: tú no puedes o apenas puedes, deja que el comandante solucione.

–¿Es sobre esa forma de pensar que se construyó la imagen de Juan Bimba?

–Lo interesante es que esta mentalidad choca con otra: la del republicanismo. El país nace con una proposición de ciudadanía, es decir, de responsabilidades individuales, que no desaparece en el tiempo desde 1830, cuando Venezuela se separó de la Gran Colombia. En esa época, los grandes pensadores y el proyecto político se orienta a fomentar la responsabilidad individual y a suplicarle al venezolano que haga su vida independiente del gobierno, es decir, que sea republicano. Este discurso se prolonga con éxito hasta la dinastía de los Monagas, a mediados del siglo XIX. Allí hay un lapso de unos veinte años en los cuales hay un contradiscurso de la identidad de origen republicano. Es a este discurso al que vuelven los adecos en el año 1945. Ciertamente, ellos inventaron la imagen de Juan Bimba, pero son también ellos quienes retoman la división de los poderes y se preocupan por establecer el criterio de la responsabilidad de los gobernantes y proponen la posibilidad de que el pueblo le reclame al presidente.

Esa misma mentalidad republicana se ha mantenido hasta hoy y ha generado las reacciones contra el chavismo sin necesidad de la influencia de los partidos políticos y es la misma mentalidad que ha conducido a triunfos electorales muy importantes, incluyendo la proeza de tener un candidato de la unidad.

—Que ahora el pueblo no necesite de AD o de Copei es importante para un país que vivió casi cuarenta años en una democracia bipartidista.

—Por eso hay que insistir en el análisis de los dos fragmentos de identidad que nos dominan: el discurso del pueblo incompetente y el del republicanismo. Y eso es lo que pasa ahora: estamos en una encrucijada entre esos dos rasgos y por eso es importante que discutamos estos temas.

—En la década de los años sesenta, el movimiento guerrillero de izquierda, al que acompañaron muchos intelectuales, intentó levantarse contra la mentalidad positivista.

—No creo que esa izquierda pueda tener influencia en el tema de nuestra identidad, porque estaba desconectada de la sociedad venezolana. Y no reacciona al positivismo, sino contra AD y Copei. Le falta la adhesión del pueblo al que intenta redimir. El liderazgo brillante y estelar de aquella izquierda, que intelectualmente estuvo muy bien dotada, no tuvo conexión sentimental con el pueblo venezolano.

—Parece que esta es la misma izquierda que intenta reivindicar la Revolución Bolivariana.

—El sustento de la Revolución Bolivariana depende de ese discurso de izquierda apenas en segunda instancia. En primera instancia se encuentra el personalismo de Chávez, que es la encarnación de un pensamiento de finales del siglo XX y de principios del XXI. Pero el presidente entiende perfectamente que hay que alimentar ese carisma con un discurso y por eso recurre a las izquierdas de los años sesenta.

—Y la promesa del Socialismo del siglo XXI, ¿cómo la lee el historiador?

—En la medida en que Chávez, a partir de la victoria electoral de 2006, vio que su personalismo tenía el camino abierto, dio un paso que seguramente tenía pensado desde antes: buscarle una doctrina a su gobierno. También tiene que ver con su búsqueda de permanencia, que es otro rasgo del personalismo. Y para eso se necesita un evangelio.

—¿De dónde viene el fundamento ideológico del Socialismo del siglo XXI?

—Esa es una pregunta que nadie te puede contestar.

—¿Cree que la Revolución Bolivariana se convierta en un hito histórico en Venezuela como fue la Revolución francesa o la rusa en sus países?

—Eso tiene que pasar. No como los ejemplos que mencionas sino que debemos compararlos con momentos históricos venezolanos. Es indudable que este proceso va a dejar huellas. Primero, por la duración. Vamos para 15 años que no pueden pasar en balde y durante los cuales se ha pretendido desacreditar todo lo que ocurrió en la segunda mitad del siglo XX. Pero además, la revolución refuerza un ingrediente fundamental de nuestra historia, que es el personalismo. Representó el retorno a un fenómeno histórico que se consideraba desaparecido, con una masa muy caudalosa de seguidores que le permitió al gobierno hacer su voluntad. Esto tiene que marcarnos en lo institucional, pues las instituciones de tendencia liberal o socialdemócrata que se establecieron desde 1958 van a carecer del sentido que tuvieron antes de la revolución. Para reanudarlas y para disminuir el protagonismo del Ejército, la sociedad tendrá que hacer un gran esfuerzo. También esa situación del predominio del cuartel o la militarización de Venezuela parecía cosa del pasado y no lo es. No creo que esto sea un paréntesis tonto, sino una situación que nos dejará un impacto enorme.

—¿Los sucesos del 11 de abril quedarán como un hito histórico en la mentalidad de los venezolanos como la Independencia, el hallazgo del petróleo o la caída de Marcos Pérez Jiménez?

—Tienen que quedar, por la magnitud del evento. La marcha del 11 de abril fue una presencia masiva de la sociedad civil en las calles de Caracas como jamás se había visto en la historia de Venezuela y significó la reaparición de la mentalidad republicana entre nosotros. Sin embargo, se trató de un evento de primerizos y quedamos sacudidos de la misma manera que un novillero por el animal el día que debuta. Además, ese momento de emergencia conjuró a varios demonios de nuestra mentalidad, como a los que se aprovecharon de ese republicanismo en resurrección para dar un golpe de Estado contra Chávez. La fecha es ineludible y debemos hincarle el diente para entenderla, porque si se puede partir el proceso histórico del chavismo, el 11 de abril es el hecho que lo hace. A partir de ese momento comienza a ganar terreno la mentalidad republicana en el país, a pesar de que los marchantes quedaron perplejos y desencantados por la brutalidad de la arremetida.

—Los defensores de la Revolución Bolivariana se adjudican como gran logro la inclusión. ¿Esto será también un hito histórico?

—Lo de la inclusión tiene sus bemoles. Ha habido una insistencia en una propuesta de inclusión que es capaz de dejar huella. El discurso del presidente Chávez es de los más incluyentes en relación con el pueblo llano, pero tiene sus orígenes en el proyecto político de AD del año 1945, el mismo que se fue desvaneciendo después de 1958. Chávez lo retoma y le da mucho volumen. Hay una ilusión de inclusión y eso es importante porque lleva a la gente a la calle a defender a Chávez. Pero también aquí cabe preguntarnos a quién va dirigido ese discurso de inclusión. No se enfoca hacia toda la sociedad venezolana, pues implica a la vez un discurso de mutilación donde se excluye también a la mitad del pueblo. Vuelve al discurso del general Gómez cuando explicó a la sociedad en términos de buenos y malos hijos de la patria. Los buenos hijos de la patria son aquellos a quienes Chávez les dirige el mensaje de inclusión. Y los malos son los demás, los apátridas y cachorros del imperialismo, como él los llama. Las capas medias del país quedan justamente allí: en el medio. Perplejas, porque no saben si son de los buenos o de los malos hijos de la patria.

–¿Cuáles son las grandes paradojas de la mentalidad venezolana?

–La paradoja mayor proviene del período del descubrimiento, cuando se nos anunció que habitábamos la Tierra de Gracia y eso supuso la mentalidad de que en Venezuela había una cantidad de elementos materiales que permitían la fábrica de una sociedad justa donde la gente podía vivir sin urgencias. A partir de allí, en nuestra historia ese mito es también algo que asumimos como una realidad negada. En la medida en que creemos que vivir del paraíso es ser parásito, no hacemos nada y el mito se fortalece. Incluso, el mito de la Tierra de Gracia quizás se esté fortaleciendo ahora, cada vez que Chávez anuncia que va a ensanchar el paraíso porque se multiplicaron los precios del petróleo y transmite la sensación de que vivimos en el vergel como descendientes de Adán y Eva, por lo que podemos vivir con un mínimo esfuerzo. Chávez se hace así el nuevo profeta de la Tierra de Gracia y refuerza ese rasgo de identidad que nos marca. Allí están las misiones, que son una nueva prodigalidad del paraíso, inventada por su administrador de turno. Chávez no puede romper con la mentalidad porque forma parte de ella. Cuando los venezolanos entendamos que esta mentalidad no nos lleva a nada, promoveremos la formación de su contraparte republicana. Quizá ya la estamos observando y, quizá, ahora sí podamos meter el dedo en la llaga del mito y emprender otro camino. Por el momento, sin embargo, el convencimiento de que habitamos la Tierra de Gracia es la gran paradoja sobre la que se debate la identidad venezolana.

EL SOCIALISMO COMO NECESIDAD
LUIS BRITTO GARCÍA

> Un sentido de pertenencia puede construirse alrededor
> de la idea de que tenemos orígenes plurales, pero a lo largo
> de experiencias históricas terribles hemos ido aprendiendo
> progresivamente a comunicar, a intercambiar, a compartir
> y a construir realidades nuevas, interesantes, superables.

Luis Britto García ha probado todas las formas de escritura: es narrador, ensayista, dramaturgo y guionista cinematográfico. Comenzó a andar por los predios de las letras muy joven haciendo caricaturas, al punto de que sus primeras publicaciones fueron ilustraciones que aparecieron en las revistas de izquierda de las décadas de los años sesenta y setenta, como *La pava macha* y *El sádico ilustrado*. Ha publicado más de sesenta títulos que le han valido numerosos galardones nacionales e internacionales, entre los que más destaca el Premio Nacional de Literatura en 2002 y, en 2010, el Premio Alba Cultural en la mención Letras. En 2012, su literatura fue motivo de homenaje en la octava edición de la Feria Internacional del Libro de Venezuela.

Desde temprano en su carrera comenzó su literatura a proyectarse internacionalmente, especialmente desde que ganó el premio Casa de las Américas por *Abrapalabra*, en 1969. Al año siguiente, de nuevo se hizo merecedor del mismo galardón por *Rajatabla*. La primera obra es una novela polifónica fragmentada que hace uso de múltiples protagonistas y episodios, así como la articulación y desarticulación del lenguaje, para describir la diversa cultura nacional desde la conquista de Venezuela hasta un aparente final del mundo, pasando por la historia de la guerrilla urbana en el país. *Rajatabla*, por otra parte, es una colección de relatos cortos escritos cuando dominaba la épica de la guerrilla y el estilo experimental que va de lo intelectual a la parodia sardónica. En estas obras el estilo de Britto García ya mostraba lo que hasta la fecha ha sido su marca literaria más profunda: el temario y las anécdotas de la más acérrima crítica social, siempre enfocada en hacer relevantes los problemas de los menos afortunados en la escala social nacional.

«Supe de cómo necesitamos de toda mirada, aún la más enemiga, para mantener nuestra existencia, y hasta qué punto somos aquellos que nos miran, y supe de las vidas extraviadas de un pueblo de seres que practicaba la magia mimética y que entrevivía con nosotros aterrorizado de ser objeto de las miradas pero condenado asimismo a la disolución del ser y a la soledad», escribe en *Abrapalabra* desde la voz de un indio de la historia antigua en el país y que luego fue un indocumentado, un mago y un loco en la figuración moderna de la república (Britto García, 2003, p. 799).

En su escritura para las tablas y el celuloide, la historia nacional se convierte en su fuente inagotable de inspiración. En el teatro, por ejemplo, se vale de recursos y formas simbólicas que intentan evidenciar la difícil realidad social y política del país. Ejemplos de estos discursos son *Venezuela tuya* (Premio de Teatro Juana Sujo en 1971)[1], *El tirano Aguirre* (Premio Municipal de Teatro 1975) y *La misa del esclavo* (Premio Latinoamericano de Dramaturgia Andrés Bello 1980).

La misma vocación por lo alegórico puede observarse en el guion que escribió para la película *Zamora, tierra y hombres libres* estrenada en 2008 y dirigida por Román Chalbaud. La figura del personaje central de la Guerra Federal (1859-1863) le sedujo desde la década de los años ochenta, como puede notarse en dos largos ensayos que escribió sobre su gesta en sus primeros libros

---

1 *Venezuela tuya* cuenta con una versión peruana que se dio a conocer luego de la gira que la compañía Rajatabla dio por Latinoamérica para representar la obra de Britto García. La obra escrita (o reescrita) en Perú y representada por el grupo Cuatro Tablas se titula *Oye* y agrega al texto de *Venezuela tuya* poemas de Javier Herand y otros autores de su tradición literaria.

de ensayos *La máscara del poder* (1988) y *El poder sin la máscara* (1989). Para Britto García, este personaje precipita el paso de la república oligárquica a la liberal y la batalla de Santa Inés[2] se constituyó en la derrota de las élites que intentaban mantener el sistema de clases heredado de la época colonial. En una entrevista con Nerea Dolara, Britto García reveló que desde la década de los años noventa estudia los paradigmas ideológicos de esas dos repúblicas que se enfrentaron desde entonces («Soy un escritor que piensa en imágenes», 2008).

En 1999 ganó el Premio Municipal mención Ensayo con *Demonios del mar: Corsarios y piratas en Venezuela 1528-1727*. Además, *Investigación de unos medios por encima de toda sospecha* ganó en 2005 el Premio Ezequiel Martínez Estrada. Otros libros suyos en este género son *El Imperio contracultural: del rock a la postmodernidad*, publicado en 1990 y *Elogio del panfleto y de los géneros malditos* (2000). *América nuestra, Integración y revolución* (2007); *Socialismo del tercer Milenio* (2009) y *El pensamiento del Libertador: Economía y sociedad* (2010).

Desde sus primeros ensayos, el autor de *Abrapalabra* se ha preocupado por el papel que desempeñan los intelectuales en la sociedad venezolana y de qué manera configura la tradición lo que Benedict Anderson llama la «nación imaginada» del Estado-nación. En uno de sus más recientes libros de ensayos formula su definición del «socialismo del tercer milenio», que enuncia desde el año 2006 en sus escritos para la prensa, paralelamente a la formulación en el discurso presidencial y del Partido Socialista Unido de Venezuela del llamado «Socialismo del siglo XXI». La definición del nuevo socialismo difiere un poco de la propuesta por Chávez, en que se mantiene en el plano económico y no toca elementos políticos: «Socialismo significa propiedad social de los medios de producción. El *socialismo del tercer milenio* implica el control

---

2 El enfrentamiento militar sucedido en el actual estado Barinas el 10 de diciembre de 1859 es una batalla central de la Guerra Federal que ganó el bando del general Zamora.

social sobre la totalidad de los recursos naturales y la aplicación
de estrategias para uso renovable y sustentable. [Y] sólo utilizará
recursos renovables, producirá bienes degradables, emprenderá
explotaciones sustentables» (Britto García, 2003, p. 269).

Como Britto García se ha ocupado de pensar las manifestaciones estéticas y el papel que cumplen sus intelectuales en la
nación venezolana desde los más diversos géneros de la escritura,
es indispensable su opinión en esta serie de entrevistas. Aunque
se resiste sistemáticamente a responder preguntas sobre la mejor
manera de gestionar en el aparato burocrático nacional los recursos
ofrecidos por el Ejecutivo para la cultura, pues en 1999 renunció
a las 24 horas de ser nombrado presidente del Conac, en sucesión de Oscar Zambrano Urdaneta –por querérsele imponer un
triunvirato en la dirección del organismo público–, su visión de
las necesidades culturales del país y su cercanía con el proyecto
de la Revolución Bolivariana confieren una perspectiva dialéctica ante los discursos sobre cultura que pueblan actualmente el
imaginario colectivo.

   **–¿Vivimos una reestructuración de la identidad na-
cional?**

   –Primero, digamos algo sobre la identidad. Todo organismo
vivo debe tener una manera de conservar su forma y estructura,
lo cual logra con el código genético. Pero también debe tener
un mecanismo para variarla, a fin de adaptarse a los cambios del
ambiente. En un organismo social, hay fuerzas que mantienen
una cierta configuración cultural o identidad, y elementos que
continuamente la están renovando. Si un organismo social pierde completamente su identidad, se disuelve, pero si es incapaz
de modificarse para afrontar cambios, perece. La identidad es un
proceso dialéctico. En el último siglo, los venezolanos hemos teni-
dos varias reestructuraciones de la identidad nacional. Primero,
éramos un país con regiones muy diferentes y muy débilmente
integradas: las campañas de Cipriano Castro y Juan Vicente Gómez

derrotaron a los caudillos locales, y la falta de reforma agraria y el atractivo petrolero atrajeron grandes multitudes a las ciudades, que actuaron como centros uniformadores. Los partidos populistas intentaron homogeneizar esa pluralidad asimilándola en su discurso a un «venezolano genérico»[3] cuyo prototipo fue el Juan Bimba, que era definido esencialmente por su ruralidad y sus carencias. La concentración en las urbes, nuestro extraordinario sistema de comunicaciones viales y la proliferación de medios audiovisuales terminaron facilitando una cierta uniformidad. La Segunda Guerra Mundial abrió un ciclo de inmigraciones masivas que añadieron elementos de pluralidad. Primero la republicana española, luego la de la Comisión de las Migraciones Europeas, bastante conservadora. Más tardíamente, la del Cono Sur y la de los países bolivarianos han añadido complejidad al panorama cultural venezolano. En los últimos años, vivimos otra reestructuración en el sentido de que intentamos definir una imagen nueva del venezolano a partir de sus elementos tradicionales y de los radicales cambios de las últimas décadas.

–¿Qué características imprimieron en el perfil nacional estos cambios?

–Yo diría que durante gran parte del siglo pasado se trató de instilar en el venezolano la conciencia de que era un ser inconcluso; primero una especie de español a medias, luego un francés o un estadounidense inacabados. El positivismo identificó el gran obstáculo para que deviniéramos mejores copias de europeos o gringos: los defectos «atávicos»[4] de la herencia indígena o africana. Recuerda que hasta fines del siglo pasado todos los anclas de las televisoras tenían una apariencia caucásica, cuando no nórdica. Morenos o indígenas solo eran televisados como delincuentes, sirvientes, cómicos o brujos. Solo desde el presente siglo ha comenzado una sostenida campaña para hacer al pueblo consciente y

3 Comillas de Britto García.
4 Ídem.

orgulloso de su imagen y de su identidad esencialmente mestizas. Eso ha provocado una reacción proporcional en los sectores conservadores. Nunca antes habían diluviado tantos epítetos étnicos y racistas contra la mayoría de la población. Considero que de sus culturas originarias indígenas, africanas e incluso andaluzas, conserva el venezolano un gran sentimiento de solidaridad comunitaria y de igualitarismo. Los profundos y acelerados cambios del último siglo le han estimulado un gran sentimiento de tolerancia y de apertura hacia la novedad.

–**¿Cree que continúa vigente el perfil de Juan Bimba?**

–La imagen rural ha sido descartada. Actualmente el venezolano se considera urbano; aun el campesino vive dentro de un modelo mental de urbanización. Ahora, entre los medios oficiales hay una visión repetitiva del pasado histórico, identificado con imágenes de llaneros y zamoristas con sombreros de cogollo y alpargatas, pero con una clara visión de que eso es pasado, no la contemporaneidad. Creo que cuando sobrepasamos la imagen rural hicimos lo mismo con la imagen de víctimas. Hoy se habla del pueblo como un protagonista que mueve sucesos históricos[5].

–**¿Esta «urbanización» del perfil nacional está también presente en la literatura?**

–Creo que esto puede leerse en nuestra narrativa. Cuando los autores escriben sobre el campo lo hacen con nostalgia, como Alfredo Armas Alfonzo, Orlando Araujo, Salvador Garmendia y Adriano González León. Hay toda una narrativa que se centra en lo urbano preponderantemente y el cambio que he visto en ese género fue a partir de la década de los años sesenta y fue de tono, no de tema. A partir de ese momento la literatura se vuelve militante. Luego vino una especie de tono de desasimiento,

---

5 Sobre este tema el autor escribe: «La dirigencia urbana de clase media accióndemocratista promueve (…) un carnaval seudofolklórico que sólo cesa cuando el analista motivacional estadounidense Ernst Dichter les recomienda a finales de los años setenta sepultar a Juan Bimba por considerarlo un símbolo arcaico, no adecuado para una dirigencia que se autoproclama moderna y hemisférica». Britto García, L. (2008). *Socialismo del tercer milenio*. Caracas: Monte Ávila Editores, p. 103.

desesperanza que aún se mantienen en algunos relatos como en los textos de Ana Teresa Torres y Victoria de Stefano.

–¿En qué sentido se refiere a una narrativa «urbana militante»?

–Me refiero a la escritura de González y Garmendia, pero también a la de Argenis Rodríguez, Carlos Noguera, la de José Balza en algunos relatos y la mía. No se trata directamente de una crítica política, pero la pobreza, la frustración y la amargura del medio urbano reflejan en nuestras narraciones circunstancias insostenibles. De allí en adelante, se estableció en la literatura nacional una bifurcación hacia el desasimiento y otra hacia lo fantástico atemporal. En estas narrativas están ausentes la referencia hacia la venezolanidad ligada a la ruralidad y a las tradiciones populares, todo aquello que se esforzó en mostrar la novela del positivismo.

–¿Cuál fue la relación entre la narrativa venezolana de los años sesenta y setenta con la guerrilla urbana?

–La narrativa urbana y la violencia están estrechamente vinculadas. En mi colección de cuentos publicada en 1964, *Los fugitivos,* escribo sobre esto. Están también los textos memorables de Argenis Rodríguez sobre la guerrilla y la desesperación de la vida en la ciudad. Hay un texto determinante en estos años que no tiene propósitos literarios: *TO3 campamento antiguerrillero*, una entrevista que Freddy Balzán le hizo a Labana Cordero, un buhonero a quien secuestraron por creerlo dirigente político subversivo y se lo llevaron al TO3. Allí lo quemaron con hierros candentes, lo enterraron vivo y, finalmente, no sabían qué hacer con él y lo exiliaron a Perú. Muchos de esos testimonios guerrilleros son importantísimos.

–¿Cree que esta narrativa de la guerrilla se basa en una desesperanza frente a un proyecto moderno apabullante, que en este caso está representado por la ciudad?

–Sí, pero voy a decir lo contrario: se basa en la esperanza. Los autores describen un proyecto fallido que fue la modernización capitalista predicada por los positivistas que llevó al abandono del campo, la aglomeración extrema de pobres en las ciudades, un sistema político que preserva la desigualdad y entonces la idea es que esa misma aglomeración de pobres lleva a que la gente reaccione y postule la utopía, que trate de tomar el cielo por asalto[6]. Hay una conciencia del horror, del desasosiego, de la falta de sentido de esa vida urbana, pero quiere provocar en el público lector una reacción que vaya camino a la utopía.

—¿Por qué fue el fracaso de la guerrilla un momento tan importante para la intelectualidad venezolana?

—Porque allí se jugó el destino de una generación. Los jóvenes de 1928 fracasaron porque fue un movimiento muy pequeño y a los seis meses estaban todos reincorporados a los estudios; fue solo un puñado de personas las que fueron exiliadas o prisioneras, pero tuvieron la buena fortuna de que Gómez se muriera en 1935 y entonces eso les abrió el camino a hacerse presentes en la política. A nosotros no se nos murió nadie, porque ya el bipartidismo estaba instalado como una realidad institucional y autorreplicante. Gran parte de mi generación está frustrada y un sector pensó que cambiándose de camiseta podía llegar al poder, pero no llegaron a nada, hicieron papeles de segundones muy tristes y entonces apenas últimamente han visto un proceso político con un conjunto de elementos de radicalidad, pero al que llegan tardíamente; por ejemplo, Alí Rodríguez, que ya es bastante mayor. Mi generación fracasó: intentó tomar el cielo por asalto y no pudo. Luego, muchos tomaron la burocracia y tampoco llegaron al poder. Apenas ahora se abre una posibilidad de realización de algunos de aquellos ideales. Pero la dureza de esos años no debe ser una excusa para no haber tenido una obra importante. La adversidad es más favorable para la grandeza que la

---

6 «Tomar el cielo por asalto» es una frase contenida en una carta que Karl Marx escribió a su amigo Ludwig Kugelman, desde Londres, el 12 de abril de 1871. La expresión se refiere a apoderarse de las estructuras de mando de la sociedad burguesa y dárselas al proletariado.

bonanza. Afortunadamente, nuestra generación pudo sacar algunas cosas brillantes en lo intelectual, a pesar de esa derrota política, como *El osario de Dios* de Alfredo Armas Alfonzo y la poesía de Ramón Palomares, por ejemplo, que fue y aún es un hombre de izquierda. También es el caso de las obras de Noguera.

–¿Qué mitos cree que se han mantenido en la psique del venezolano a lo largo del tiempo?

–Una parte de los privilegiados abriga todavía mitos racistas derivados del más rancio positivismo. Con ellos va la idea de que nada que hagan los venezolanos puede ser original, exitoso o digno. Todo debe ser importado, como en el verso de Neruda que atribuía a Betancourt pedir a un sastre norteamericano los pantalones y las ideas[7]. Y con ellos va el otro mito positivista indispensable, el de la necesidad de «blanquear»[8] el país con grandes torrentes de inmigración caucásica, adoptado sin el menor reparo por Rómulo Betancourt en *Venezuela, política y petróleo*, y por el dictador Marcos Pérez Jiménez en la doctrina del Nuevo Ideal Nacional. Sospecho que sigue vivo en muchas de nuestras dirigencias. Con él van otra serie de mitos denigrantes: la «flojera» de un pueblo que se levanta a las cuatro de la mañana y regresa a su casa a las diez de la noche; la «falta de tradición» de un pueblo que mantiene vivas celebraciones, costumbres y festejos.

–La filosofía positivista impulsó la modernidad y el desarrollo en muchos países. ¿Hay algún proyecto moderno que no sea eurocentrista?

–Sí, todos los proyectos revolucionarios del tercer mundo que proponen que, en lugar de hacer una mímesis de Europa o

---

7 En 1960 se publicó en Cuba *Canción de gesta,* libro del que se editan 25.000 ejemplares y en el que se encuentra el poema titulado «Un demócrata extraño» que dedica a Rómulo Betancourt, presidente de Venezuela entre 1959 y 1964. Dice una estrofa del trabajo: «ojos y oídos hacia Norteamérica/ y para Venezuela sordo y ciego/ pedía a un sastre norteamericano/ sus pantalones y sus pensamientos/ hasta que hablando con la Voz del Amo/ olvidó a Venezuela y a su pueblo». Neruda se quejaba de la represión que se hacía en la época del gobierno del líder adeco a la guerrilla y otro grupos de izquierda.

8 Las comillas son de Britto García.

de Estados Unidos, encontremos nuestras propias vías hacia el desarrollo, formando confraternidades con los pueblos del sur.

–Pero en algunos países europeos, como Francia, tienen regímenes socialistas o mixtos.

–No, diría más bien que admitieron ciertas medidas de carácter social a través de la distribución tributaria. Y no eran sólidos porque fíjate lo que pasó en España: llegó un gobernante y los borró de un plumazo. En cuanto a la propiedad sobre los medios de producción en esos países no ha hecho más que concentrarse. En Venezuela vale la pena tratar eso porque ahora nos enfrentamos a la elaboración de modelos posibles de nuestra identidad. ¿Qué queremos ser? Un Miami de segunda, ¿por ejemplo? ¿Una Francia de quinta, como pensó cierta intelectualidad? ¿O, quizá, una Venezuela de primera? El problema es que mucha de nuestra capa dirigente sigue el modelo eurocéntrico.

–¿Aún hoy en día, a pesar del Socialismo del siglo XXI?

–A pesar de que se vino abajo el capitalismo financiero, se quedaron sin empleo las personas de los países antes desarrollados. Es cuestión de fe, que no se rompe con nada. Ese es uno de los modelos rescatados del tiempo, primero del colonialismo y después del positivismo europeo y de Estados Unidos. Pero hay otros posibles modelos socialistas que los combaten.

–¿Qué modelo exitoso de socialismo hay en la actualidad?

–China, que va a ser la primera potencia del mundo.

–¿Qué opciones plantea el Socialismo del siglo XXI como proyecto para Venezuela?

–Evidentemente se impone una solución socialista, porque la solución contraria sería plantear la propiedad privada del subsuelo y de la industria de los hidrocarburos y ¿a qué nos llevaría eso? Eso crearía unas diez familias supermillonarias, cuando el resto de la población no tendría los niveles de educación, de salud necesarios. Ahora tenemos unos nueve millones de estudiantes en el país. A lo mejor se debe revisar el nivel de la educación, pero que uno de cada tres venezolanos tenga algún proceso educativo es importante. Venezuela no tiene otra salida que algún tipo de socialismo; no te digo exactamente cuál, pero uno que incluya la propiedad del subsuelo y los recursos naturales, así como un elemento muy poderoso de redistribución, porque heredamos una población con una pobreza bastante resaltante, que estaba entre 60 y 70% de pobreza al final del siglo XX.

–¿Qué es lo más incómodo, en cuanto a la literatura nacional, de la autoimagen del venezolano?

–Una cierta imagen forjada por ideólogos positivistas que encuentra su correlato literario en el Vicente Cochocho de Teresa de la Parra o en Juan el Veguero, de Rómulo Gallegos. En su mejor representación literaria, era Doña Bárbara, ser peligroso por femenino, por mestizo, por trabajar la tierra que ocupaba y porque para sobrevivir competía en los oficios y los procederes de los varones. Tales atrevimientos debían ser castigados, por ser considerados «bárbaros», y por eso la Doña se pierde en un bongo que parece la barca de Caronte y finalmente se hunde en un tremedal que la regresa a los infiernos. Así veían los escritores a nuestro pueblo. Ramón Díaz Sánchez, un gran autor, expresa el mestizaje como un infierno de angustias en su novela *Cumboto* y en parte de sus cuentos. A esas imágenes negativas opusieron Aquiles Nazoa, Alfredo Armas Alfonzo, Ramón Palomares y Orlando Araujo representaciones hechas con amor, pasión y poesía. A partir de los sesenta, la literatura expresó otra imagen, la de un venezolano rebelde, prometeico, comprometido con un proyecto utópico, que a veces quedaba destruido por el fracaso, pero que por lo menos había intentado tomar el cielo por asalto. Después se impuso otra imagen, la del sujeto perdido en un mundo ininteligible e incontrolable, en el cual todo esfuerzo resultaba fútil. Ninguna de esas representaciones es una verdadera autoimagen. Son iconos construidos por los creadores literarios, casi siempre representantes de una clase media con aspiraciones de tomar el poder.

–¿Ha estado la literatura nacional desvinculada con la sociedad actual o es la sociedad la que no ha estado vinculada con la literatura?

–Hegel decía que «el búho de Minerva eleva el vuelo cuando cae el crepúsculo». Con esto me refiero a que casi siempre ves que las grandes obras creativas de un período vienen cuando ese período está en declinación. El Quijote apareció cuando a España dieron la paliza de la Armada invencible[9]. A pesar de la transformación política, no aparecen todavía las obras que la expresen, pues aún hay que asimilar la experiencia. Ahora se está publicando mucho, pero no recuerdo realmente grandes obras literarias que narren las experiencias más actuales, de ninguno de los dos lados. No conozco el equivalente para la oposición venezolana de *Las memorias del subdesarrollo*[10], libro que expresa bien el desasosiego de la clase dominante cuyo mundo se fracturó con la Revolución cubana. Tampoco conozco una novela realmente lograda de afiliación a la Revolución Bolivariana. Hemos estado muy ocupados viviendo el momento, pero la decantación de lo que hemos vivido hasta ahora tomará, necesariamente, un tiempo.

–¿Qué perfil nacional construyen estas ideas sobre lo popular, propuestas por la literatura de nosotros mismos?

–Me detuve bastante en mis libros *La máscara del poder* y *La lengua de la demagogia*[11], en la imagen que el discurso populista

---

9 Se refiere a la guerra anglo-española entre los años 1585 y 1604, por medio de la cual la monarquía española comandada por Felipe II intentó, sin éxito, derrocar a Isabel I, que había accedido al trono de la Isla después de la ejecución de María Estuardo, su prima segunda.

10 Es una novela de Edmundo Desnoes, más conocida por la película homónima presentada en 1968 y dirigida por Tomás Gutiérrez Alea, que cuenta las contradicciones de un burgués en la época en la que triunfaba la Revolución Cubana.

11 En la *Lengua de la demagogia* (2011) analiza las agendas propuestas por los políticos durante la IV República.

construía del venezolano. Lo representaba ante todo como un sujeto pasivo, definido por sus carencias, que el líder o el partido remediarían mediante el abastecimiento. Recordemos que este discurso, repetido inmisericordemente por agencias de propaganda y maquinarias políticas, aseguró el poder durante casi medio siglo, hasta su colapso final. Paralelamente, un aparato comunicacional que a finales de siglo se acerca a los cien periódicos, las sesenta televisoras y el millar y medio de radiodifusoras trabaja frenéticamente, veinticuatro horas sobre veinticuatro, en construir otra imagen: la del venezolano consumista, obsesionado por el último desodorante, el último automóvil, la última moda. El resultado es nuestro inusitado consumo de alcohol y de cosméticos y el abandono de especialidades médicas fundamentales como la oncología o la geriatría a favor de la cirugía plástica.

—**¿Cómo estas fantasías compartidas pueden activarse afirmativamente alrededor de un sentido de pertenencia nacional?**

—Pues la crisis mundial del capitalismo debe haber golpeado ciertas fantasías de que bastaba irse a Europa o a Estados Unidos para encontrar una Utopía donde seríamos recibidos como elegidos. Más bien somos deportados por las oficinas de inmigración o maltratados como sudacas. No, nuestra batalla es aquí y ahora. Si no nos gusta el modelo de sociedad, debemos construir otro mejor, no comprarnos el pasaje hacia otro sitio donde todo estará resuelto, porque no lo hay. Un sentido de pertenencia puede construirse alrededor de la idea de que tenemos orígenes plurales, pero a lo largo de experiencias históricas terribles hemos ido aprendiendo progresivamente a comunicar, a intercambiar, a compartir y a construir realidades nuevas, interesantes, superables. Creo que nuestro pueblo tiene una enorme plasticidad, que le puede facilitar la construcción de formas sociales nuevas y mejores. Y esta pertenencia nacional no debe limitarse a la resurrección del folclore y del arpa, cuatro y maracas y de los símbolos de la nacionalidad: debe abarcar lo nuevo, lo inesperado, lo todavía indefinible que configura nuestro ser.

–¿**Qué temas de la discusión social y cultural son más urgentes?**

–Pues la llamada identidad nacional es uno. Luego, el replanteamiento de nuestro pasado histórico, clarificando las zonas ciegas, olvidadas o falsificadas por la historiografía oficial. Luego, la construcción de un proyecto nacional, que es indisociable de un gran proyecto latinoamericano y caribeño. No hacemos nada sin saber de dónde venimos y hacia dónde queremos ir. Varias de esas iniciativas están empezando a cristalizar.

–**Algunos estudiosos de estos temas señalan que existe cierta superficialidad entre los venezolanos asociada a su necesidad de asumirse como «chéveres». ¿Cree que esta es una manera que tienen de alejarse del dolor y que esto no les permite madurar?**

–No creo que sea tan negativo; es una forma de vencer al destino. Para los sureños, como para los europeos, el destino es irrevocable. En cambio, esto no es así para nosotros: al venezolano le dan una paliza y se levanta. A mí, por ejemplo, me gustan mucho los entierros de los motorizados que hacen un fiestón y con aquel zaperoco acompañan al difunto. Allí está el elemento caribeño y eso tiene que ver con nuestra sociedad sin clases. Esto nos sale de forma espontánea. Al caribeño le pasan tragedias de todo tipo: lo botan del trabajo, le quitan las prestaciones sociales, de repente hay una crisis bancaria y los ladrones se van con los ahorros de toda su vida. Me parece positiva esa actitud frente la adversidad y el dolor: ni los desconocemos ni dejamos que nos venzan.

–¿**Qué asuntos son más urgentes para resolver en la literatura?**

–La página en blanco. Debemos dejar atrás la crónica esterilidad de algunos escritores. Cómo debe ser esa literatura, nadie puede decirlo, porque su deber es sorprendernos. Estamos frente al colapso del capitalismo financiero y quizá del capitalismo; frente a una afirmación de la mujer sin precedentes; frente a un renacer de los movimientos sociales y las identidades culturales en todo el mundo; frente a desafíos políticos, sociales, tecnológicos y ecológicos inconmensurables. Nada de eso puede ser expresado con los lenguajes viejos.

—¿Qué cree que hace falta para proyectar la literatura venezolana?

—Eso tiene que ver con el tratamiento de las redes mediáticas en el exterior. Casi todos los monopolios mediáticos presentan una imagen negativa de Venezuela. Cambiarla es difícil a menos que se produzcan obras maestras con resonancia capital. En Venezuela, curiosamente, no nos hemos dado cuenta de que hay una gran expectativa, una curiosidad; entonces hay que responderle a eso con productos estéticos sumamente notables. E incluso también para la oposición. Todos los aparatos mundiales están esperando al gran poeta o narrador víctima del proceso bolivariano para elevarlo a la categoría de eminencia mundial, de manera que es desolador que no haya surgido ninguna Yoani Sánchez entre las filas de la oposición.

—¿Cuáles son las necesidades culturales que no tiene satisfechas el venezolano?

—Hay todavía un gran vacío de autoconocimiento. Este vacío fue propiciado ante todo por el gran porcentaje de excluidos del sistema educativo durante el pasado siglo. Nuestro pasado, nuestro ámbito, nuestras costumbres, deben ser objeto de estudio, conocimiento y reflexión. Finalmente, el vacío se perfeccionó con un enfoque casi exclusivo y excluyente de los aparatos culturales hacia lo que se realizaba en Europa o Estados Unidos. Se debe hacer énfasis en estimular y difundir nuestra creación cultural. Los grandes períodos creativos de la humanidad siempre coincidieron con grandes épocas de afirmación de la sociedad donde se produjeron: el Siglo de Oro ateniense, el Renacimiento italiano, el Siglo de Oro español, el período Isabelino, el Iluminismo francés, la filosofía y el romanticismo alemán, entre otros.

–¿Qué medidas son necesarias para consolidar un aparato cultural institucional que represente un compromiso con las fórmulas de participación?

–La conciencia de que toda gran revolución ha sido también una revolución cultural. La francesa impuso el neoclasicismo y el romanticismo; la mexicana, el muralismo, el cine y la novela de la Revolución; la soviética creó el lenguaje estético del cine, el arte abstracto y la música y la arquitectura contemporáneas; la cubana, una cinematografía, una literatura y una afichística de primera, y la Nueva Trova. En estas revoluciones culturales siempre han estado presentes los siguientes factores: valores nuevos que expresar; aparatos culturales para proteger a los creadores y financiar sus proyectos, y un nuevo público para sus invenciones. Las instituciones útiles para ello pueden llamarse ministerios, fundaciones o tribus, siempre que cumplan sus cometidos. Deben ser apoyadas por una reestructuración de los contenidos y los métodos del sistema educativo, y por el desarrollo de nuevos medios de comunicación que no se dediquen a replicar propaganda consumista. Para nuevos retos, instituciones nuevas. Yo inventé otra, que es el automecenazgo: toda mi vida he trabajado para poder costearme un tiempo libre para crear sin depender de nadie. Pero sin instituciones no se hubieran publicado mis libros, representado mis piezas teatrales ni filmado mis guiones. Una cultura es un sistema de valores y representaciones compartidas. Toda cultura es un hecho social.

–¿Cree que la división política y la polarización le han hecho daño a la creación en el país?

–No, el país siempre ha estado polarizado. Cuando nos tiraban de helicópteros en la selva, dime tú si eso no era polarización. Un poquito de pasión no está nunca mal; además, fuerza a escribir. Si a Pocaterra no lo meten preso en la época de Gómez no hubiera escrito *Memorias de un venezolano de la decadencia*. El que tiene talento escribe y hace su obra extraordinaria, interesante, poderosa. El talento es independiente de la ideología.

EL MISMO JUAN BIMBA DE SIEMPRE
ÁXEL CAPRILES

(…) la figura más representativa de Venezuela,

en este momento, es el malandro.

En el último lustro, Áxel Capriles se ha convertido en la referencia obligada para entender el inconsciente colectivo de los habitantes de la República Bolivariana de Venezuela. Las representaciones que sus compatriotas hacen de sí mismos como pueblo y de aquello que los rodea inspiraron al profesor de la Universidad Católica Andrés Bello y del programa de formación de la Sociedad Venezolana de Analistas Jungianos dos libros: *La picardía del venezolano o el triunfo de Tío Conejo* (2008) y *Las fantasías de Juan Bimba. Mitos que nos dominan, estereotipos que nos confunden* (2011). En el primero analiza la psicología nacional del llamado coloquialmente «vivo» y qué circunstancias lo convierten en protagonista de la sociedad venezolana. El segundo examina qué significa ser auténticamente venezolano. Trata nociones que van más allá de los prototipos nacionales para desentrañar lo que denomina la ficción de la identidad, «una fórmula de ensayo para dar sentido de totalidad a multitud de existencias individuales, una imagen que conecta muchas experiencias aisladas» (Capriles, 2011, pp. 34-35). Este libro ahonda en la psique del venezolano porque estudia los mitos, leyendas y nociones que tienen un lugar destacado en el acontecer político, social y económico de la nación. Ambos trabajos sirvieron de fundamento para el presente ciclo de entrevistas y por eso es capital la conversación con el especialista sobre estos temas.

Además de su experiencia como psicólogo, Capriles tiene un doctorado en Ciencias Económicas y, al unir sus dos vertientes profesionales, se convirtió en pionero de los estudios de Psicología Económica. Su libro *El complejo del dinero* (1996) analiza la red de significados y complejidades anímicas escondido detrás de las finanzas y de la moneda, señalando que en cualquier estudio de las sociedades modernas se hace indispensable el análisis del discurso económico, al cual se le asocian innumerables patologías.

En cuanto a la identidad del venezolano, la preocupación que guía las obsesiones del investigador es la necesidad que tiene la sociedad venezolana de madurar, de responsabilizarse por sus problemas y afrontarlos para reducir las ansiedades que enmascaran un paradójico comportamiento que oscila entre la alegría y la violencia. Sus consideraciones sobre la identidad nacional lo llevan a identificarla no como un aspecto hierático, sino más bien como uno dinámico que puede activarse hacia el futuro para alcanzar metas. «En lugar de imaginar la identidad nacional como una esencia preexistente que se funda en el ser y no en el quehacer, necesitamos entenderla como una consciencia de derechos y deberes ciudadanos, como un compromiso con fórmulas de participación, como un conjunto de actividades, esfuerzos y acciones institucionales que conduzcan a metas y propósitos consensuados escogidos para satisfacer ciertas necesidades y aspiraciones. En vez de buscar algo que permanece idéntico, se trata de construir comunidad a través del hacer común» (Capriles, 2011, p. 34).

–Si, como escribe en *Las fantasías de Juan Bimba*, **cada proyecto político construye su propia representación del pueblo y el de la llamada IV República fue Juan Bimba, el sumiso que requería la protección de una autoridad, ¿cuál es el que ha impuesto la V República?**

–La imagen de Juan Bimba sigue vigente en la Revolución Bolivariana, que retoma el proyecto adeco para estos tiempos. Por eso preserva la misma representación de un pueblo víctima, excluido, depauperado, que debe ser auxiliado por el Estado. Esta no es la imagen de un individuo autónomo, un ciudadano dueño de su destino, sino del que está tan herido que necesita que lo guíe el gobierno. Claro que ya no es el campesino de principios del siglo XX; ahora es un individuo urbano.

–¿Se trata ahora del ciudadano que habita los cinturones de miseria, donde el mismo personaje sumiso y disminuido debe enfrentarse a la brutalidad de la urbe?

–Claro. Y allí, por su puesto, entra el factor de la violencia, la carga de agresividad que se forma precisamente en la falta de espacio. Obviamente son personajes diferentes el habitante del campo de entonces y el los barrios de hoy; el tiempo no pasa en vano, pero si nos referimos a las actitudes más profundas, los mecanismos de dependencia se mantienen más o menos iguales. Creo que la figura más representativa de Venezuela, en este momento, es el malandro. De hecho, creo que este, como personaje de identificación colectiva en la actualidad, debería ser más estudiado. No es que la gente sea malandra, sino que este personaje se ha convertido en una figura de identidad y un patrón de reacción frente al otro.

–¿Es el «malandro» un vivo que está armado?

–Es más que un vivo, porque está al límite. En *La picardía del venezolano* hablo de eso cuando digo que en la picaresca española del Siglo de Oro el término equivalente a «pícaro» es «delincuente», no como sinónimo de criminal, sino en el sentido de una persona que transgrede los códigos de la sociedad[1].

---

1 Capriles considera que el malandro comparte muchos rasgos de carácter con el arquetipo del pícaro heredado de la literatura española. Citando las investigaciones del sacerdote Alejandro Moreno, el psicólogo describe a este personaje como uno en perpetua rebelión contra la autoridad, la anomia, con incapacidad para asumir responsabilidades y cuyo rasgo principal es el rechazo a cualquier forma de contacto que pueda interpretar como sometimiento. Para el malandro cualquier subordinación es una manera de subyugarlo. En este contexto debe interpretarse la relevancia de la figura del pícaro en la cultura nacional. Capriles, A. (2008). *La picardía del venezolano o el triunfo de Tío Conejo*. Caracas: Taurus Pensamiento, p. 167.

–Pero malandrín es sinónimo de pícaro o ratero.

–El pícaro se mantiene en una línea que no traspasa; sus infracciones son leves. El malandro ha perdido la gracia, convirtiéndose en algo más fuerte, terrible.

–Además de los mitos de Venezuela que usted señala en *Las fantasías de Juan Bimba* como el de El Dorado sobre la psicología de la abundancia, el de Kanaima sobre el espíritu vengativo, el del mestizaje y el sincretismo en la religión de María Lionza y, por supuesto el de Juan Bimba, hay uno constante en el discurso político actual: el de la Independencia y su héroe, Simón Bolívar.

–Tenemos un tipo de identidad totémica con la Independencia y con Bolívar, porque nos consideramos descendientes de esa figura primordial. Tenemos una identidad basada en el pasado y no una forjada con base en las metas. Como todos somos descendientes de aquella figura primordial y pertenecemos al mismo tótem, somos una misma gente, una misma familia, somos los hijos de Bolívar. Pero, en lugar de pensar tanto de dónde venimos, podríamos también decirnos como colectivo: estamos orientados hacia una meta y todos vamos hacia el mismo camino, somos una comunidad de propósito y esa es una forma de pertenencia. En esto hay algo interesante: aunque nuestra noción de identidad se refiere al tiempo –el pretérito de la Independencia–, tenemos una relación conflictiva con el pasado. En primer lugar, porque lo olvidamos rápidamente y, en segundo, porque lo concebimos como una serie de rupturas, no como una ilación continua. Siempre empieza una nueva Venezuela: con Cipriano Castro, con los adecos, con Chávez. Y con la Independencia también empezó una nueva Venezuela. Saltamos de ruptura en ruptura y negamos constantemente el pasado para comenzar de nuevo. Así, el tiempo pierde continuidad e ilación y malgastamos la posibilidad de enriquecernos culturalmente.

–¿No tendrá esto que ver con la superficialidad del venezolano para afrontar los problemas a la que se refiere en su libro cuando señala el «cheverismo»[2]?

–Sí, pero también se refiere a la fantasía de comenzar de cero, de que es posible refundar la comunidad. No existe entre los venezolanos la concepción de una sociedad integrada en la que nuestro trabajo es enriquecer los vasos comunicantes entre el pasado y el futuro. Siempre queremos comenzar de la nada y esto, para nuestros imaginarios, es imposible. El venezolano de la República de 1830, a pesar de creer que ya no tenía nada que ver con el colonial, cargaba con todas sus complejidades. Y las seguimos cargando. Pero al cortar con el pasado perdemos la posibilidad de comunicarnos más fluidamente e integrarnos.

–**El caso más reciente en la historia venezolana de una discusión acerca de la identidad nacional tan intensa como la que se sostiene en la actualidad fue en la primera mitad del siglo XX, durante el proceso de implantación de un Estado-nación moderno desde la corriente intelectual del positivismo, que contrapuso lo popular al progreso. Con el Caracazo de 1989 y con la elección como presidente de Hugo Chávez en 1998, bajo la promesa de cambiar radicalmente el esquema anterior, se evidenció el fracaso del proyecto. En sus investigaciones y otras entrevistas se ha referido al resentimiento[3] como un trauma heredado del componente indio de la identidad mestiza del venezolano, un complejo del maltratado que**

---

2 «Chévere» es un adjetivo que significa agradable y el «cheverismo», que es un término que Capriles toma del psicoterapeuta Rafael López-Pedraza, es una forma superficial que tienen los venezolanos de relacionarse con los aspectos trágicos de la vida. Capriles, A. (2011). *Las fantasías de Juan Bimba. Mitos que nos dominan, estereotipos que nos confunden.* Caracas: Taurus Pensamiento, pp. 228-235.
3 Capriles se refiere a este resentimiento como el espíritu de Kanaima, un poderoso ente maligno de la tradición amerindia del sur del territorio nacional que busca la venganza, que en la actualidad parece referirse a las intrincadas complejidades del fracaso y la derrota, por lo que se la pasa invocando el resentimiento, que es la sombra detrás de la figuración mestiza del venezolano. Capriles, A. (2011). *Las fantasías de Juan Bimba. Mitos que nos dominan, estereotipos que nos confunden.* Caracas: Taurus Pensamiento, pp. 122-147.

emerge en cada crisis histórica del país. ¿Cómo se resuelve un trauma semejante y que, además, está tan profundamente arraigado en la psique nacional?

–El resentimiento es una herida profunda en la sociedad venezolana. Desde los tiempos coloniales siempre se vio con desprecio al pueblo: aun en las consideraciones sobre el valor de los indios se los tomaba como niños indefensos que había que proteger. Con el positivismo se creó toda una teoría sobre esa debilidad, asumida como casi constitucional del pueblo venezolano. Los positivistas planteaban que, en el desarrollo del proceso evolutivo de la historia, las sociedades llegaban a diferentes grados de desarrollo y que el venezolano se hallaba todavía en uno inferior, por lo cual tendía al caos y a la desunión. Asumían que la cohesión social era limitada y pensaban que la sociedad podía deshacerse en cualquier momento, lo cual hacía necesario un líder fuerte. De allí surgió la teoría de Laureano Vallenilla Lanz del gendarme necesario, pero también de ahí surgió Juan Bimba. Los adecos tomaron al campesino excluido, famélico, depauperado y sin acceso al desarrollo (a los beneficios y a la nueva riqueza del petróleo) y lo identificaron con el pueblo. Y aunque le dieron derecho a asumirse como protagónico, señalaron que todavía necesitaba aprender mucho, por lo cual se constituyeron en sus representantes. Esa fue la democracia representativa que propusieron. Luego, se fue perdiendo la visión sobre ese pueblo, quedando solo el poder vacío. Entonces apareció la Revolución Bolivariana con el mismo mensaje: la visibilidad del pueblo venezolano. Vuelve a ser la misma falacia, en el sentido de que parecen decirnos: «Yo como líder y caudillo soy la expresión más pura de ese pueblo, entonces yo lo represento».

–Pero si es la misma fórmula de los adecos, ¿cómo es que genera una adhesión tan impresionante?

–Por identificación colectiva, Chávez es una expresión directa de multitud de rasgos de carácter que están muy presentes en la sociedad venezolana.

–¿Como por ejemplo?

–El arquetipo del alzado. Chávez es la personificación del pícaro, el tipo simpático y extrovertido, porque en Venezuela valoramos al «pico de oro». Pero su estilo no es distinto del de sus antecesores, porque la Revolución Bolivariana es una versión en el siglo XXI de la política que ya habíamos visto. ¿Cuál es el tema fundamental de Rómulo Betancourt, por ejemplo? El petróleo. Y también el imperialismo: la explotación del imperio y cómo las compañías petroleras internacionales se habían robado la renta del pueblo venezolano. Claro que Betancourt enfatizaba que los adecos habían llegado para subsanar aquella injusticia. Es el mismo argumento de la actual revolución: el problema del reparto de la renta.

–El hallazgo del petróleo y la multiplicación de la renta creó una imagen de nación petrolera opulenta y consumista, pero hoy los venezolanos todavía están entre los primeros consumidores en Latinoamérica, por ejemplo, de tecnología. ¿Por qué se mantiene esto a pesar de la crisis financiera que vive el país?

–La sociedad venezolana es consumista y esto tiene que ver con el mito de El Dorado, del cual escribo en mi libro. Cuando un ingreso se conceptualiza como fortuito (es decir, del cual yo no tengo una participación directa en su formación), entra a una cuenta mental de ganancia casual que tiene propensión mayor al consumo que al ahorro o a la inversión. La forma como está estructurado el ingreso petrolero en la sociedad venezolana y como la percibe la población es prácticamente una nación que vive del ingreso fortuito (de lo que está en su suelo). En la UCAB, alumnos de Psicología Económica descubrieron en una investigación que el consumo de los celulares último modelo estaba asociado al uso de tarjetas prepago, es decir: la gente que no tenía tarjeta de crédito compraba los aparatos más caros. Las conclusiones de este trabajo evidenciaron el fuerte «efecto esnobismo» en las clases populares, porque tener un buen teléfono da estatus.

–¿**Cómo se incorpora ese «efecto esnobismo» dentro del proyecto de izquierda que desde hace más de una década dirige el destino del país?**

–Esas son las contradicciones que debemos trabajar en la sociedad venezolana. Si la gente está en una misión, con o sin celular, es porque necesita ayuda, pero no estamos poniendo en el colectivo la conciencia de cómo nos organizamos para salir de esta pobreza sin la ayuda de los demás. En otras palabras: parece que no nos estamos preguntando cómo creamos formas productivas para salir hacia adelante. Preferimos mantener la mentalidad consumista, porque los 500 bolívares que me da una misión entran en cuentas mentales diferentes al pago por mi trabajo y eso que uno recibe sin contraprestación tiene una propensión al consumo, aunque sea de forma inconsciente.

–¿**Cómo se desmontan ideas atávicas como estas que condenan a la sociedad a la sumisión y al atraso?**

–En la medida en la que proyectas sobre otros la causa de tus males, el desarrollo de la conciencia y la responsabilidad se hacen más difíciles. Pensar que siempre hemos sido explotados (por los extranjeros, los partidos, las élites, la burguesía…) nos coloca siempre en la posición de víctimas. Claro que hubo explotación, pero eso no es lo importante. La pregunta es por qué uno va a ponerse en el papel del débil. Hay víctimas y victimarios, pero también hay el que se deja pegar. Hasta que uno no toma conciencia de eso no hay un cambio.

–¿**Cómo comienza un pueblo a tomar conciencia?**

–Antes pensaba que era un proceso que venía de la sociedad; hoy considero que es indispensable una clase dirigente.

–¿**Y cómo sería un liderazgo que no asuma esas mismas imágenes?**

–Ahí, justamente, se conforma el círculo vicioso. ¿A quién elige la gente en un régimen democrático? A la persona similar a ti. Si hablamos de una población que atribuye la causalidad a agentes externos, no van a elegir a alguien que tenga el *locus* interno. Lo ven como diferente: no cae tan simpático ni es agradable. Lo interesante sería cambiar esos patrones de atribución. Es muy difícil; necesitas un liderazgo sumamente fuerte. Creo que los creadores de la democracia, a pesar de todos sus vicios y sus problemas, por lo menos tuvieron una visión, una idea, que por lo menos arraigaron en nosotros la idea de la democracia, cuando desconocíamos esa forma política.

—**Pero les faltó crear instituciones más sólidas. Ahora ¿el discurso del candidato de la oposición difiere radicalmente del discurso básico de Chávez?**

—No. No se atreve, porque perdería popularidad.

—**¿Entonces, el proyecto que está ofreciendo no es esencialmente distinto al que promueve la Revolución?**

—No, vuelve a ser la tibia socialdemocracia que siempre imperó en Venezuela, porque estamos frente a dos proyectos diferentes: colectivismo e individualismo. La posición dominante de toda la política venezolana siempre es colectivista y no da mucho espacio a otra propuesta.

—**¿Se puede hablar de sentimiento de pertenencia en una sociedad tan escindida como la venezolana?**

—Las posiciones son blanco y negro en cuanto a personalismo y democracia, pero aún hay elementos comunes. Estos son los elementos de fondo que debemos trabajar para una transformación colectiva: la relación del individuo con el Estado y el rol del Estado con la sociedad.

—**En este sentido, ¿cuál es el logro del chavismo?**

—Nos ha aportado un grado de conciencia social y la incorporación de las grandes masas de la población a la vida ciudadana y a los beneficios de la modernidad. Esto es fundamental; no es algo que se pueda tener en un momento y después prescindir de eso. La inclusión debe ser una preocupación continua de cualquier gobierno. Pero la visibilización debe convertirse en protagonismo. Debe trascender la retórica como ha sido el caso hasta ahora, cuando la visibilización es un recurso emocional. Por eso he dicho antes que el protagonismo no solo tiene que ver con el reparto de la renta; nunca hemos planteado que tiene también que ver con qué le pueden dar los ciudadanos a su comunidad. El paso fundamental es mantener la visibilidad, pero no solamente desde la atención que recibe la población del Estado sino también desde aquello que la población le confiere a este. En esa doble vía se articularía un equilibrio de derechos y deberes, donde puede hacerse posible el surgimiento de una Venezuela distinta.

—Así como en el pasado fueron determinantes para la configuración de la identidad venezolana sucesos históricos como las guerras de independencia, el hallazgo del petróleo o la caída de Marcos Pérez Jiménez, ¿qué hechos de los últimos quince años determinarán nuestro imaginario nacional?

—Los eventos de abril de 2002 fueron un trauma nacional que marcó la intensificación del proceso de polarización de nuestra sociedad. Ese extremismo que marcó dos sectores dejó en el medio a una gran cantidad de personas. Algunos se fueron y otros se quedaron en absoluto silencio. Lo único que obtuvo visibilidad desde entonces fueron los extremos políticos, que se erigieron como los representantes de la Venezuela actual. Hoy en día, más que de venezolanos, hablamos de oposición y de chavistas. Pero los ni-ni son la mayoría y muy pocos investigadores se han ocupado de ver su posición frente a todo esto. Creemos que el problema es solo conciliar un grupo con el otro, pero no hemos analizado qué está en el medio. Los eventos de abril tuvieron gran impacto en el imaginario nacional porque nos hicieron concebir a Venezuela como una nación escindida.

—¿Esta división no desvirtúa otro rasgo que antes se había asociado con el perfil del venezolano: la solidaridad?

—Estos rasgos van fluctuando. Antes se hablaba de la sim-

patía del venezolano, de su disposición a ayudar, pero ahora
está encerrado. No podemos hablar hoy del venezolano afable
y simpático, pero estos son rasgos cambiantes que dependen de
las circunstancias; no son rasgos atados a una identidad, por eso
hablamos de estereotipos[4]: si las circunstancias crean la forma
de ser de las personas, remitirlos a la identidad es un proceso de
esencialización que puede ser peligroso. Es mejor ver que todos
esos rasgos son respuestas a ciertos acontecimientos y que hay
factores en la cultura que los propician. Es el mismo caso de la
picardía: no es sustancial al venezolano, sino un rasgo estructural
del ser humano que nuestra cultura refuerza.

–**¿El aislamiento y la falta de solidaridad son consecuencias de la violencia? ¿Tiene esto que ver con la imposi-
bilidad de la reflexión trágica de la sociedad venezolana, que
se escuda en el cheverismo como mecanismo para negar una
realidad ominosa?**

–La violencia ha sido una experiencia tan terrible, tan dolo-
rosa, que no la queremos ver ni enfrentar y queremos combatirla
con el cheverismo. Nosotros rebotamos en la experiencia porque
si no, nos hundimos. El nivel de tolerancia que hay en la sociedad venezolana a la violencia es asombroso. Cuando converso
con analistas internacionales sobre eso, no lo pueden creer. Hay
algo malo, algo enfermizo en cómo nosotros nos hemos adap-
tado a esta situación.

---

4 Según el *Diccionario de la Real Academia de la Lengua Española*, el estereotipo es una imagen o una
idea aceptada comúnmente con carácter inmutable. En su análisis de la identidad nacional, Capriles
no se refiere a esta definición, pues prefiere usar neologismos más precisos para definir identidades
y mitos culturales, como arquetipos y prototipo. En el primer caso se refiere a la acepción que Carl
Gustav Jung hace del término, como las «formas básicas de percepción que demarcan las fronteras
de la experiencia humana y que, como protocolos normativos, señalan el camino». Capriles, A.
(2011). *Las fantasías de Juan Bimba. Mitos que nos dominan, estereotipos que nos confunden*. Caracas:
Taurus Pensamiento, p. 49. En el segundo caso, la definición es más general: «El prototipo es (…)
una figuración esquemática, un modelo de ficción que resume un número impreciso de rasgos, por
lo común bastante difusos, que creemos caracterizan mayormente al grupo» (p. 19).

—¿Pero no deben salir de alguna manera los traumas de la violencia?

—Creo que sí: ahora vemos muchos más casos individuales de depresión y angustia. Venezuela es uno de los países en la región donde más ansiolíticos se consumen.

CAMBIAR LA MIRADA DEL ARTE
CARMEN HERNÁNDEZ

> Vivimos un proceso interesante que pudo haber
> estimulado un debate más amplio y más allá
> de una coyuntura política.

Carmen Hernández vive desde 1978 en Venezuela, país donde se ha desarrollado como curadora de arte latinoamericano. La investigadora nacida en Santiago de Chile es licenciada en Artes Plásticas de la Universidad Central de Venezuela, posee un máster de Literatura Latinoamericana de la Universidad Simón Bolívar y un doctorado en Ciencias Sociales de la UCV, institución donde está adscrita al programa Cultura, Comunicación y Transformaciones Sociales del Centro de Investigaciones Postdoctorales.

Conoce desde adentro los museos del país, así como las instituciones culturales públicas, pues durante casi 10 años fue curadora de Arte Latinoamericano en el Museo de Bellas Artes y durante casi un año dirigió el Museo de Arte Contemporáneo de Caracas. Además, entre los años 2001 y 2010 trabajó como directora de Artes Visuales de la Fundación Centro de Estudios Latinoamericanos Rómulo Gallegos. Actualmente, se desempeña como jefe de División de Conservación y Restauración de Colecciones de Arte y Mobiliario en la Asamblea Nacional.

Pero, más allá de su trabajo como crítica de arte y en la gestión cultural, su aporte más sólido a la discusión sobre la venezolanidad proviene de la reflexión sobre las artes y los contenidos simbólicos que se producen en el país y en la región. Es colaboradora de diversas revistas culturales y ha publicado varios libros entre los cuales está *Insubordinación: Diamela Eltit y Paz Errázuriz. Urgencia y emergencia de una nueva postura artísti-*

ca en el Chile postgolpe (1983-1994), editado por Monte Ávila Editores Latinoamericana. La obra que analiza el trabajo en grupo emprendido por las chilenas Eltit y Errázuriz en el que se analizan los vínculos entre la literatura y la fotografía, con el objeto de comprender las relaciones entre las artes e instaurar un novedoso lenguaje crítico frente al modelo de Estado. Este libro ganó el Premio de la Crítica 2011 de la Asociación Internacional de Críticos de Arte (Aica), capítulo Venezuela, en la mención Investigación.

En 2007 publicó *Desde el cuerpo: Alegorías de lo femenino. Una visión del arte contemporáneo* (Monte Ávila Editores Latinoamericana). Allí indaga las capacidades expresivas que tiene el cuerpo femenino una vez que se independiza de los estereotipos de la dominación impuesta por el discurso patriarcal, el cual relega a la mujer a convertirse en mero símbolo de belleza y sensualidad. También ha participado en los compilados de ensayos críticos titulados *Estudios y otras prácticas intelectuales latinoamericanas en cultura y poder* (2002), *Galerías de progreso* (2006) y *Lógicas y estrategias de occidente* (2007).

Parte de su producción más reciente en crítica de arte puede leerse en línea, a través de la página de la Plataforma de Arte Contemporáneo (http://www.plataformadearte.net), una agrupación privada sin fines de lucro cuyo objeto es promover la producción de diversas prácticas artísticas dentro y fuera de Venezuela y que propone lecturas alternativas de las prácticas culturales actuales. En la iniciativa la acompañan la arquitecta Matilde Sánchez, el curador José Antonio Navarrete y la fotógrafa Sara Maneiro.

Para efectos de una discusión sobre identidad nacional, destaca en esta revista web su ensayo «La mercantilización de la cultura y las prácticas artísticas como rebeldía discursiva». Allí Hernández se lamenta por la creciente mercantilización del arte y advierte sobre la necesidad de construir políticas culturales que trasciendan cánones estéticos eurocéntricos. Aboga por la pro-

moción de nuevas formas plásticas menos conformistas y más
rebeldes que asuman la representación de la diferencia, como un
prerrequisito para la redefinición de los conceptos básicos de la
tradición nacional.

Si, frente a un sistema valorativo dominado por el mercado, Hernández propone lo artístico como instancia transgresora,
es porque ello permite la construcción de ciudadanía, al proclamar al arte como una forma de resistencia cultural y un proyecto
político que permite activar modos alternativos de ciudadanía:
«Habría que asumir la diversidad como un concepto asociado a
la identidad cultural o a las representaciones sociales que luchan
por la producción de sentido y que no se desenvuelven necesariamente en territorios locales o regionales, ya que también pueden constituir comunidades interpretativas, que dependen de
las afinidades en común que pueden alcanzar diferentes grupos
sociales», escribe en el ensayo (Hernández, 2007).

El texto termina señalando que, además de los propios
artistas, otros actores que deberían sumarse a los procesos de
ampliación del sistema cultural son los curadores, los críticos de
arte y el Estado, este último erigido como protector de la diversidad. Y en las conclusiones del artículo apunta que Venezuela está
en proceso de «desestabilizar la condición del arte como campo
institucionalizado sobre un respectivo canon que lo organiza,
desenmascarando sus constantes mecanismos de exclusión» con
el objeto de reformular los valores que siguen sosteniendo desigualdades simbólicas. Para esto propone «revitalizar el rol del
arte (…) como proyecto emancipador [lo cual] implica asumir
su condición diferenciada como capacidad imaginativa de nuevas
utopías, de goce y de movilización del sentido crítico».

La propuesta de Hernández desde la investigación de las
artes plásticas advierte a los venezolanos sobre la necesidad de
encontrarse con su propia interpretación del proyecto moderno.
Por eso, y porque sus preocupaciones trascienden lo nacional

para enmarcar la discusión de la cultura en términos globales, sus conclusiones sobre las relaciones entre culturas centrales y periféricas son necesarias para el proyecto editorial que aquí se presenta.

–¿La Revolución Bolivariana cambió la identidad de los venezolanos?

–Desde que se reformuló la Carta Magna en 1999, en el país se ha propiciado un proceso de redefinición de la ciudadanía, o identidad nacional, desde el Estado y en el seno de la propia comunidad, que encuentra motivaciones constantes que emergen desde diferentes ámbitos socioculturales, ya sea desde organismos estatales que se han propuesto una reforma en el diseño y puesta en práctica de las políticas sociales, como desde medios de comunicación, organismos no gubernamentales y asociaciones de todo tipo.

Este impulso es más evidente en el seno de las comunidades organizadas, en especial en los consejos comunales que están luchando por activar cambios significativos en la calidad de la vida cotidiana. Esa reestructuración de la ciudadanía participativa está estimulada por un sentido de soberanía más cultural que geopolítico, que ha ido despertando el sentimiento de pertenencia y de responsabilidad compartida. Pero en la activación de este modelo hay tensiones entre los deseos de las comunidades y la respuesta de los organismos del Estado, que a veces no es oportuna ni efectiva. En Venezuela vivimos un proceso político que aspira a refundar la nación. Se trata de un grupo de personas que han reflexionado de manera crítica sobre las desigualdades sociales y culturales que se gestaron alrededor de la acepción de la modernidad que tradicionalmente se ha privilegiado en el país y buscan mecanismos para subsanarlas. A veces aciertan y otras, no. Pero la verdad es que me parece forzado intentar definir una identidad nacional a partir de esto.

–¿Le parece que la discusión sobre la identidad es inútil?

–Es ingenua.

–¿Qué debería debatirse, entonces?

–Por ejemplo: qué podemos rescatar de esos procesos culturales, qué nos ha configurado como nación, qué más podemos construir. Todo esto para crear un diálogo entre lo nuevo y lo que hemos sido, que nos permitirá tener una mirada más crítica hacia la historia. Deberíamos preguntarnos cómo podemos transformarnos para subsanar las desigualdades sociales, económicas y el acceso a los derechos. Las sociedades tienen que llevar a cuestas esas diferencias y crear mecanismos de tolerancia para que todos podamos convivir. Vivimos un proceso interesante que pudo haber estimulado un debate más amplio y más allá de una coyuntura política. Deberíamos estar hablando de cómo vivir nuestro espacio público, cómo queremos ser gobernados, cómo imaginamos el futuro; esas son las preguntas que deberíamos hacernos como sociedad, siempre pensando en una que estará en diálogo constante con el resto del mundo. La verdad es que hoy resulta imposible imaginarse una sociedad aislada, porque es absurdo; yo no entiendo cómo la sociedad cubana pudo crecer con ese aislamiento.

–Y en cuanto a la cultura, ¿qué temas considera cruciales?

–Debemos discutir el respeto a la diferencia. Si entendemos que el término cultura define los procesos simbólicos donde los sujetos actúan de manera activa, como escribe Néstor García Canclini[1], se observan tensiones orientadas a ampliar el horizonte de acción de los sujetos. Un ejemplo de esto son los proble-

---

1 Canclini se refiere a la «producción de fenómenos que contribuyen mediante la representación o reelaboración simbólica de las estructuras materiales, a comprender, reproducir o transformar el sistema social. García Canclini, N. (1997). *Ideología, cultura y poder. Cursos y conferencias. Segunda época*. Buenos Aires: Secretaría de Extensión Universitaria, Universidad de Buenos Aires, p. 60.

mas asociados al derecho a tener derechos, como las luchas de algunos grupos que en lo jurídico apelan al cambio de identidad sexual, así como el derecho de las mujeres a decidir sobre su propio cuerpo (como la interrupción del embarazo), o el derecho al matrimonio entre personas del mismo sexo. Estas demandas no se encuentran satisfechas pues existen prejuicios naturalizados que afectan la toma de decisiones. Otro tema se refiere al disfrute del espacio público, que cada vez se ve más restringido por nuevos y sofisticados mecanismos de control que se ejercen desde políticas gubernamentales, con diversos tintes políticos, como sucede con reglas emanadas en la Alcaldía Libertador y en la Alcaldía de Chacao. Muchas disposiciones hoy no se corresponden con demandas sociales concretas y terminan activando viejos modelos civilizatorios, asociados a las «buenas costumbres», que permanecen vigentes en los imaginarios como tecnologías de control sobre el cuerpo[2] o cartografías disciplinarias, según palabras de Beatriz González Stephan[3].

–¿Dice que en Venezuela favorecemos una objetivación del cuerpo?

–Sí y desde diferentes ámbitos políticos como el disciplinamiento del espacio público, la publicidad y los medios de comunicación con sus economías políticas marcadas por el pro-

---

2 Se refiere a las teorías de Michel Foucault sobre la «tecnología política del cuerpo», según la cual la revisión de la historia del derecho penal y de las ciencias humanas evidencia que existe un saber sobre el cuerpo que no se ocupa solo de conocer su funcionamiento, sino de generar mecanismos para manejarlo u organizarlo. Foucault usa el neologismo «tecnología» para definir el conjunto de mecanismos de poder y las relaciones entre ellos con los cuales se organizan los cuerpos (humanos) en las sociedades. «Su objetivo consiste en obtener cuerpos útiles y dóciles. Por ello, la disciplina es una tecnología, no una institución o un aparato». Castro, E. (2011). *Diccionario de Foucault: Temas, conceptos y autores*. Buenos Aires: Siglo Veintiuno Editores, pp. 381-382.

3 Con la denominación «cartografías disciplinarias», Hernández se refiere al uso que hace de la teoría de Foucault la profesora de Rice University, Beatriz González Stephan, que no le aporta mayores cambios. De Foucault son decisivos los trabajos *Vigilar y castigar. Nacimiento de la prisión* y *La verdad y las formas jurídicas*. González Stephan, B. (1999). *Cuerpos de la nación: Cartografías disciplinarias*. Consultado el 2 de junio de 2012 en la Gothenburg University Publications Electronic Archive: http://gupea.ub.gu.se/bitstream/2077/3213/2/anales_2_gonzalez.pdf

ductivismo, la escuela y la familia, entre otros, y esto afecta a la ciudadanía participativa. Se sigue reproduciendo en los imaginarios colectivos un modelo del poder desde arriba que inhibe a muchos sujetos de defender el derecho a tener derechos. Mientras no veamos respuestas concretas, estatales o privadas, orientadas a resolver situaciones puntuales (como por ejemplo el derecho a la educación y al trabajo de la comunidad transformista que hoy en día ejerce la prostitución de calle), continuaremos debatiendo sobre un país de papel; es decir, de puras ideas muy alejadas de la realidad social. En resumen, es fundamental que en lo social y cultural comencemos a debatir sobre el cuerpo y el uso del espacio público como afirmación comunicacional, lugar de trabajo, circulación y disfrute.

—¿**Qué mitos de otras épocas se mantienen en el imaginario colectivo?**

—Aún existe un sentido de minusvalía que delega el poder en una figura caudillista, como el Estado mágico que describió Fernando Coronil[4], eludiendo la corresponsabilidad ciudadana. Históricamente el Estado, más que convencer, ha intentado seducir a los sujetos con una práctica simbólica «teatral», la cual también es asimilada en las relaciones intersubjetivas en diferentes niveles, afectando la capacidad organizativa de los individuos para luchar por sus mejores condiciones de vida. Este mito, que delega en otro las responsabilidades, desmoviliza las acciones para ejercer cambios sociales.

—**En cuanto a las artes plásticas, ¿qué cree que deba rescatarse de los procesos históricos del pasado?**

—No hablaría de rescate. Nos hace falta revisar críticamente la historia de nuestra cultura y la institucionalidad que creamos,

---

4 Inspirado en las ideas de José Ignacio Cabrujas sobre el poder del Estado para tergiversar la realidad a su conveniencia, Fernando Coronil publicó un ensayo que le dio notoriedad en el círculo académico en Estados Unidos. *The magical State* describe un país dominado por el petróleo, la corrupción y la deificación del Estado. La editorial Nueva Sociedad lo tradujo al castellano en 2002.

para poder proponer mecanismos que permitan activar una labor más intensa que la hecha hasta ahora. La definición de institucionalidad, en el campo cultural, va más allá de un edificio; también tiene que ver con las categorías de análisis. La palabra «arte» ya es en sí una institución, una categoría con demasiado poder, porque alguien dice «esto es arte» y una obra cambia de estatus, entrando en el mercado simbólico de intercambio. En nuestra cultura siempre se privilegiaron unas formas simbólicas sobre otras. Eso continúa: han cambiado los actores, pero sigue igual.

–¿Dice que la obra de arte se ha convertido en un elemento mercantil?

–Me refiero al arte como forma de disfrute, pretexto para socializar y para disfrutar. Pero la institucionalidad museística proclama el arte como forma de prestigio. Aquel debate del pasado que oponía la abstracción a la figuración tenía que ver con una lucha de poder. Lo figurativo tenía una postura política y social de izquierda, mientras que el abstracto era un modelo burgués, más formalista, el del arte puro. Me refiero a lo que ocurrió entre las décadas de los años sesenta y setenta, la famosa diatriba que se dio entre Miguel Otero Silva y Alejandro Otero Rodríguez[5]. Luego participó también la crítica de arte argentina Marta Traba, porque ella estaba en la búsqueda de la identidad del arte latinoamericano y pensaba en un arte más político y menos influenciado por los modelos extranjerizantes; ella buscaba un arte contemporáneo que al mismo tiempo simbolizara ciertos aspectos míticos. Era un arte comprometido enfrentado a uno contemplativo, pero las

---

5 «Con motivo del desacuerdo con los criterios manejados en la entrega de premios del XVIII Salón Oficial Anual de Arte Venezolano, en 1957, el artista Alejandro Otero sostuvo una polémica en las páginas de *El Nacional* con el escritor y editor Miguel Otero Silva, defendiendo el abstraccionismo. (…) En esta ocasión, Otero Rodríguez rebatió que a los abstraccionistas se les reprochaba una tendencia cuyo 'signo es la evasión' y el 'frío invernadero de una fórmula repetida'». Da Antonio, F., Monroy, D., Niño Araque, E., Romero D.R., y Salas A. y Vaamonde Berrizbeitia, C. (2005). *Diccionario biográfico de las artes visuales en Venezuela* (Vol. II). Caracas: Fundación Galería de Arte Nacional, p. 944.

políticas oficiales favorecieron más el relacionado con los procesos de modernización, como Jesús Soto o Carlos Cruz-Diez.

—Eso no quiere decir que el cinetismo, por ejemplo, no tenga también un discurso como parte del imaginario de la nación.

—Cada forma artística tiene su discurso; el problema es qué se hace con eso, quiénes lo valoran y cómo circula. Antes se tomaron esos modelos que le permitían a Venezuela ponerse a dialogar con el resto del mundo diciendo: «Somos modernos, mira lo que tenemos: carreteras y estas obras de arte». Hasta la década de los años noventa se privilegió un modelo minimalista y de formas puras y hoy ocurre lo contrario, porque se privilegia el arte popular y político. Lamentablemente, eso aplana todos los matices y las complejidades que tiene un proyecto artístico particular, porque termina encasillándose.

—¿Qué categorías propone para reformular la discusión artística?

—El conceptualismo del sur, por ejemplo. Se trata de una categoría que se aplica al arte desarrollado en América Latina de la década de los años sesenta para acá, que utilizó estrategias contra la mercantilización y otras de denuncia política, como cuestionamientos a las dictaduras. Creo que hoy debemos hacer un esfuerzo por crear categorías que apunten más bien al contenido simbólico de las obras y deslastrarnos de la tradición del prestigio.

—¿Hay una buena crítica de arte que pueda formular estos problemas en el país?

—Cada día menos; no basta con que alguien haga la crítica. Se necesita que circule y se lea.

—El problema es más profundo que la producción artística, entonces.

—Nuestra sociedad es conservadora y las personas no van a las exposiciones de arte porque creen que no las entienden. En otros países hay más movilidad, diversidad de oferta, de crítica, de circulación de la información y de mercado. Siento que aquí estamos apegados a un modelo muy conservador.

–¿La retrospectiva que se hizo de Armando Reverón en el Museo de Arte Moderno de Nueva York (MoMA) el año 2007 puede ayudar a poner el arte venezolano en el radar mundial?

–Sí, y es positivo en la medida en que pone los ojos sobre nuestros valores. Lo negativo fue el abordaje, porque intentaron meterlo obligatoriamente en el discurso del arte moderno internacional. Nuestro objetivo no puede ser fortalecer un canon colonialista que se ha construido sobre el privilegio de un modelo eurocéntrico.

–Pero eso lo hicieron los mexicanos nada menos que con Diego Rivera.

–Sí, claro, y yo lo cuestiono mucho.

–Claro, cuestionarlo vale, pero eso fue parte del proceso por medio del cual el arte mexicano se convirtió en la referencia más visible del arte latinoamericano.

–Tenemos que mostrar lo que tenemos y ponernos a dialogar con el mundo, pero no para afirmar un canon que nosotros no inventamos. La exposición de Reverón descontextualizó la obra, colocando todas las muñecas como objetos de la exposición y no como objetos lúdicos del hombre. Allí se observa la vergüenza con la que asumimos la modernidad. Es como si dijéramos «allá está el modelo de la modernidad» y luego buscamos la manera de parecernos a eso. Si no nos vemos similares somos salvajes, y si nos parecemos sí somos civilizados. No estoy diciendo que no debemos llevar a Reverón al MoMA; estoy diciendo que hay que llevarlo, pero no para afirmar el canon, sino para romperlo diciendo: «Sí, tenemos muchas cosas muy valiosas, aunque no se ajusten al modelo eurocéntrico». Ahí es donde no podemos perder el sentido crítico, porque si no, vamos a ser siempre una mala copia de otro modelo cultural.

–¿Cuáles son los problemas de la curaduría en el país?

–La única institución pública que hasta hace poco funcionaba con el modelo curatorial era el Museo de Bellas Artes (MBA). Ello permitía que los curadores tuvieran a su cargo una colección y se especializaran en el conocimiento de ese fragmento de la colección. Yo fui curadora de arte latinoamericano, que era una categoría de orden geográfico y territorial que incluía lo contemporáneo, lo moderno y lo popular. Eso tiene la ventaja de que uno conoce bien su colección y puede analizarla en un contexto mayor y poner las obras a dialogar entre sí. Cuando cambiaron la autoridad en los museos se produjo un gran prejuicio hacia el arte contemporáneo y, en especial, hacia los curadores.

–¿Qué prejuicios había hacia los curadores?

–Su figura tenía diferentes interpretaciones. Por un lado, estaban los curadores especialistas, pero por el otro, había quienes se atribuían ese papel, aunque eran agentes que trabajaban en colecciones privadas, pero más bien con fines de valorar o evaluar la colección desde el punto de vista mercantilista. Eso trajo como prejuicio que nos eliminaran del MBA. Ahora todos somos investigadores, que es más genérico y perjudica el trabajo crítico, porque entonces cualquiera es curador. Un curador no puede ser una persona que cuelga obras o que las interpreta y hoy quedan pocos que trabajen desde una perspectiva de análisis crítico. Ha habido un proceso gravísimo de desprofesionalización que ha sido impulsado por las propias directrices de las políticas culturales estatales.

–Tampoco se han producido catálogos en por lo menos cinco años.

–Y cuando los hay sus textos son narraciones descriptivas, sin el esfuerzo de interpretar, porque el trabajo no debe ser solo sobre el objeto de arte, sino también sobre cómo se ha visto y cómo circula y dialoga con otros. Esa desprofesionalización hace mucho daño, porque reactiva estereotipos ya superados, por ejemplo, la creación de un Museo de Arte Popular. Me parece insólito que a estas alturas de la vida todavía sigamos con la diferencia entre arte culto y arte popular. Arte es arte y ya.

–¿Qué sugiere?, porque parte del discurso de la Revolución Bolivariana es la inclusión, pero al ponerles etiquetas a los museos y las formas artísticas están etiquetando a las personas y a su trabajo.

–Los encasillan. Entonces, si una persona que está catalogada como artista popular lleva una propuesta al MBA, sin verla le dicen que no, que debe exhibir en el Museo de Arte Popular. Debemos cambiar la mirada sobre el arte y eso afecta a muchos factores. Primero, el museo no debe ser un lugar de legitimación, sino de exhibición de diversidad de propuestas. Luego, muchas prácticas artísticas se ven afectadas por el mercantilismo, porque si un artista no entra al mercado no tiene de qué vivir. Para eso debería estar el Estado: para proteger esos universos simbólicos y crear mecanismos para el apoyo a los artistas. Esto incluiría el pago de honorarios por su participación en una colectiva o crear una seguridad social para ellos.

–¿Qué hace falta para lograr esto?

–Debemos romper con los estereotipos de exclusión y de clase social. Todavía estamos impregnados de la mirada –la misma que tenía Marta Traba– que analiza el arte a partir de la condición social del artista y si el artista era burgués asumían que su producto cultural también lo era. No: será burgués cuando afirme modelos convencionales y el sistema moderno de arte burgués, con sus categorías de prestigio, mercado. O cuando certifique la supuesta contemplación pura que al final lo que busca es entrar en la pared de un coleccionista. Esa visión burguesa del arte no tiene que ver con la clase social del artista; un pobre que se haga famoso puede convertirse en un artista convencional. Pero para poder entender esos fenómenos tienes que salir de esas categorías modernas y romper con el estereotipo. El arte es un mundo discursivo; nadie va a ser mejor artista porque lleve sus obras al museo.

–Ahora se adelanta un proceso que va a crear una serie de museos nuevos como el de Arte Popular, el de la Palabra, el de Fotografía.

–Más que seguir buscando cosas para meterlas en un museo, debemos dar a conocer a los venezolanos su historia y sus valores. Cuando uno se identifica con algo lo cuida. Un ejemplo de esto es el fenómeno de la estatua de María Lionza en la autopista: la gente arriesga la vida por ir a poner una ofrenda a esta imagen de culto. La identificación a la que me refiero va más allá del mundo del arte en términos de si un producto cultural es feo o bonito, si es un estereotipo nacionalista o indigenista. Hay que revisar nuestra noción de patrimonio, resguardarlo, y debemos crear mecanismos de sensibilización hacia nuestro patrimonio cotidiano.

LA NACIÓN DE LOS ESPEJOS ROTOS
JAVIER VIDAL

> En este país tenemos que asumir, sin ningún complejo,
> que William Shakespeare es tan nuestro como
> Miguel de Cervantes y como José Ignacio Cabrujas.

Javier Vidal alcanzó la popularidad desde muy joven. Su trabajo en el teatro, que comenzó a los 20 años de edad, complementado por su actuación en telenovelas coloca su cara entre las más reconocibles de la cultura y el entretenimiento nacional en los últimos 30 años.

Sin contar su trabajo para televisión, Vidal ha dirigido más de tres decenas de obras teatrales, ha actuado en más de media centena y ha escrito casi una veintena de piezas. A lo largo de su trayectoria profesional, ha creado o recreado personajes que marcaron a sus compatriotas, desde el poeta izquierdista Chaquetón de la telenovela *Estefanía*, de Julio César Mármol, que se transmitió por Radio Caracas Televisión en 1979, hasta Oscar Wilde en la obra de Moisés Kaufman *Actos indecentes*, presentada en Caracas con un impresionante éxito de crítica y de taquilla en 2010[1]. Esto, sin olvidar al protagonista de la obra que él mismo escribió, *Diógenes y las camisas voladoras* (2011), que según afirmó Simón Alberto Consalvi en su columna del diario *El Nacional* es el «momento culminante» de su trayectoria sobre las tablas[2].

---

1 Tan exitosas fueron las presentaciones en el Teatro Escena 8 de esta obra, que se tuvieron que abrir varias funciones más para satisfacer la demanda. «Ciertamente que el Wilde que ofrece no surgió solamente de las semanas de ensayos previas al estreno, sino del conocimiento que este tenía del escritor inglés y, en general, de la historia del arte», se lee en *El Nacional* la semana después del estreno. González, J.A. (22 de junio de 2010). FORO DEL LUNES. Javier Vidal: «El arte arropado por el gobierno termina produciendo obras bastardas». Sección Escenas, p. 4.
2 Si el personaje de Wilde consagró a Vidal, fue el de Escalante el que representa su convicción de la necesidad de que en Venezuela se acabe la vocación caudillista. Parado bajo una luz cenital, en

Entre la década de los años setenta y el presente, Vidal ejerció de periodista cultural, crítico de teatro, galán de televisión, guionista, director y productor de teatro. En la década de los años ochenta fue director del grupo Autoteatro y desde 1989, del grupo Theja, del cual es vicepresidente en la actualidad. En 1994 asumió funciones como gestor cultural en el Centro Latinoamericano de Creación e Investigación Teatral (Celcit), donde compartió proyectos con otras figuras nacionales de las artes como María Teresa Castillo, Carmen Ramia, Orlando Rodríguez, Pilar Romero, Carlos Paolillo y Horacio Peterson. Durante 10 años trabajó en el Consejo Nacional de Teatro. Mientras tanto, fue columnista de los diarios *El Nacional, El Universal* y *El Mundo*. Su columna «Diario en gerundio», que sostuvo hasta entrado el siglo XXI, pretendía un análisis oportuno del quehacer cultural del país.

Entre los premios nacionales de dramaturgia de los que se ha hecho merecedor se encuentran Teatro de la Crítica (actor, 1980), Casa del Artista (dramaturgo, 1998), Municipal (director, 1996 y 2004). En el género televisivo también ha ganado varios galardones nacionales y dos internacionales: ACE (Nueva York) y Quetzal (México). Por sus reseñas y artículos culturales ganó en 1979, al principio de su carrera, el Premio de Periodismo.

Por su defensa acérrima de la libertad de creación y por su descreimiento de las instituciones que rigen los destinos de la cultura en el país, las opiniones de Vidal sobre las artes se parecen un poco a las del autor de *El retrato de Dorian Gray* (1890) que con maestría interpretó en la obra de Kaufman. Por ser uno de los actores culturales más activos de las últimas tres décadas y, en

---

una sala donde casi todo estaba oscuro, al primer civil en décadas que iba a regir el destino del país se le escuchó decir: «Todo estaba listo. Más que listo, listísimo. Sería el último emperador de la transición (…) ¡Qué buena vaina les eché! (…) los militares son todos unos golpistas y conspiradores. La conspiración en los militares es como el amarillo en Van Gogh: una constante». Vidal Paradas, J. (2011). *Diógenes y las camisas voladoras.* Caracas: Editorial Melvin.

especial, durante el último lustro cuando los desalojos y recortes proliferaron en este sector de las artes –entre ellos el más representativo fue el desalojo de la sede en Bellas Artes del Ateneo de Caracas, en 2009, el mismo año que el grupo Theja perdió su sede del teatro Alberto de Paz y Mateos– la perspectiva de Vidal sobre la gerencia teatral en el país, así como sobre los contenidos de las aprehensiones nacionales son importantes para cualquier discusión sobre la identidad nacional que se quiera emprender desde las artes escénicas en la actualidad.

–¿Vive el país un proceso de reestructuración de su identidad nacional?

–La palabra identidad implica mismidad y ser, tomando las fuentes latinas, «este mismo ente» (*id – ens*). Creo que estamos viviendo la destrucción de una identidad que aún anda dando bocanadas fuera del agua. La neosemántica revolucionaria chauvinista ha querido hacer tábula rasa al sentido raigal de la mismidad de nuestro ser, lo más profundo que puede tener un pueblo, e intenta sustentar nuestra concepción de la identidad nacional exclusivamente en las gestas de caciques y héroes militaristas y no ha privilegiado el arraigo de la historia civil del gentilicio.

–¿Qué necesidades culturales aún no están satisfechas en el país?

–Mi percepción empírica (pues me parece demasiado sociológica esta pregunta y no manejo estadísticas al respecto) me orienta hacia un despiste ético. La ética del individuo neoliberal ha tratado de ser sustituida por una de la masa revolucionaria. Lo ideal hubiese sido implementar una ética de concordia. Venezuela está rota porque sus espejos han sido destruidos, resquebrajados unos, velados otros. Sin espejos, es decir, sin arte y sin cultura, no nos podemos ver a nosotros mismos. Pero tenemos la opción de vernos en «otros». La insatisfacción justamente reside en que no nos identificamos con la llamada «otredad». Nos desconocemos. Nos desautorizamos. Nos desnaturalizamos. Necesitamos iden-

tificarnos culturalmente en la concordia aunque sea a través de
ese espejo roto. A veces creo que estamos perdiendo la capacidad
de culturizarnos, alejándolos de la civilización. Nuestra sociedad
que vaga ciega por el Paraíso.

**–¿Qué cambios sobre la autoconcepción del venezolano
se concretaron en la última década?**

–Hemos retornado a la hacienda El Miedo de *Doña Bárbara*. Vivimos un maniqueísmo galleguiano que lucha entre la
civilización y la barbarie. Por ahora vence la barbarie, que tiene
una conexión emocional con su «taita». La civilización es racional
y civil, palabra esta última de donde proviene su etimología y se
emparenta con otros neologismos como la lógica, la coherencia, el
razonamiento, el diálogo, el acuerdo, la relación, la negociación.
Estos conceptos de civilismo democrático los hemos perdido y
sustituido por caciques y héroes militaristas que solo tienen dos
categorías de raciocinio: mandar y obedecer.

**–*Doña Bárbara* es ciertamente una obra central de la
venezolanidad, pero la imaginería de su protagonista, la malva-
da mujer de origen indio, ¿no hace a la novela excluyente?**

–No pensé en esa lectura sexista. Más bien pensé en el llano que tenemos en Miraflores. Es la barbarie, el terror, todo ese
mundo mágico perverso…

–¿Hay necesidad de un Santos Luzardo en el país?

–Si existe una doña Bárbara yo quiero que venga un Santos Luzardo. La verdad es que el pobre no ha tenido mucho
espacio.

**–Este personaje representa el mismo perfil de Diógenes
Escalante, el protagonista de su obra *Diógenes y las camisas
voladoras*…**

–Sí, sin duda. Ese fue el civilista que nos tocó. De hecho,
en la misma obra hago referencia a eso cuando Escalante dice: «El
peligro está en los llanos». Y, luego, recuerda que hay que tener
mucho cuidado con los llaneros. «Vea usted a Páez», dice.

—Lo interesante es que las grandes referencias del venezolano son bélicas, conectadas al proceso emancipador...

—Todos nuestros héroes son militares. Eso siempre me ha impresionado. Una de las salas del Teatro Teresa Carreño, por ejemplo, se llama José Félix Ribas, como el prócer. ¿Y nuestras orquestas? Una se llama Gran Mariscal de Ayacucho y la de más allá Simón Bolívar. ¿Qué dice eso de nosotros?

—Además de la contraposición con el militarismo al que se refirió antes, ¿qué otros aspectos de Escalante le parece que puedan servir para unir los pedazos de la identidad a la que antes se refirió como resquebrajada?

—Me parece que nos hace falta asimilar que vivimos en América, un territorio que comenzó a inventarse a partir del siglo XV, y que formamos parte de una transculturización. Por eso hay que tener cuidado cuando se habla de culturas endógenas. ¿Qué es una cultura endógena? Diógenes Escalante, que nació en Queniquea, un pueblito de Táchira que ni en el mapa aparece, llegó a comprender qué es la cultura, que ya era global antes de que se inventara la misma palabra global. Debemos asimilar esto porque nos hemos convertido en unos trogloditas que de tanto mirarse a sí mismos y su pasado no saben aceptar que no habría cultura en el mundo si no existiera la transculturización. No existiría la cultura de ningún pueblo si no existiera la transmisión entre estos, aunque en algunos casos termine siendo la dominación de una sobre otra. Este es el caso nuestro: no hablamos pemón sino castellano. Los venezolanos tenemos que asimilar que somos parte del mundo y de la cultura cosmopolita que se impone ahora en todas partes. Escalante es parte de esa cultura civilista que tanto bien nos haría ahora. Cierto que era un hombre que no sabía qué significaba la palabra «rastrojos» ni había probado nunca el picante de «pinguita de perro», pero conocía a Reynaldo Hahn. Era un hombre universal. En este país tenemos que asumir, sin ningún complejo, que William Shakespeare es tan nuestro como Miguel de Cervantes y como José Ignacio Cabrujas.

–El poeta de izquierda que interpretó en la telenovela *Estefanía*, ¿puede ser un tipo nacional por ser una obsesión recurrente en la historia de la literatura moderna del país? ¿De qué manera Chaquetón ilustra el perfil revolucionario que llegó al poder con la Revolución Bolivariana?

–Chaquetón era un hombre que creía, más que nada, en la libertad. Convierte su libertad en una oda a la individualidad y la relaciona con la belleza, es decir, si es bello es libre y se acerca a la verdad. Es muy distinto del perfil del revolucionario bolivariano, porque este último no cree en la libertad, aunque la menta. Este revolucionario insiste en que todos seamos iguales y esta igualdad es el anatema de la libertad, que es el gran problema filosófico desde los masones hasta Maximilien Robespierre. Con esto quiero decir que *la egalité et la liberté* son antítesis. A lo mejor lo de *la fraternité* fue como la síntesis de aquellas dos que eran tesis y antítesis. El revolucionario chavista quiere que todos seamos iguales, que todos tengamos el mismo pensamiento, y esto acaba con la libertad individual.

–**Para volver a la discusión sobre la identidad nacional, ¿qué mitos son recurrentes en la mentalidad del venezolano?**

–El del papá que ordena, protege y manda. Como pueblo estamos ciegos, desorientados y solo escuchamos las mentiras que queremos.

–**¿Qué personaje identificaría entonces a ese perfil del venezolano?**

–El de Adán cuando fue expulsado del Paraíso. El hijo desnudo, ciego y culpabilizado. Hasta con cierto complejo de Edipo frustrado, ya que no conoce a su madre en una sociedad matriarcal. Suena apocalíptico, ¿no?

–**¿Qué temas de la discusión social y cultural son más urgentes?**

–Re-conocer-nos en nuestro aquí-ahora sin destruir la fuente raigal. Vindicarnos en la tradición y distinguir las raíces de nuestro pueblo, el cual no nace de decretos políticos ni astrológicos. Deberíamos, quizá, preguntarnos: ¿cuándo empezamos a ser un país? ¿A ser venezolanos? ¿Hasta dónde debemos llegar? ¿Hasta el primer mono africano que bajó de la rama? ¿Al primer mongol, como llamaba Arturo Uslar Pietri al que cruzó el estrecho de Bering? ¿Al sincretismo que se inició en 1492 y cerró geopolíticamente en la Capitanía General de 1777 o la firma del Acta de Independencia en 1811 o la muerte de Bolívar o la Cosiata o…? Me pregunto si hay forma de ponerse de acuerdo en estas instancias iniciáticas, porque si desconocemos nuestro pasado difícilmente nos re-conoceremos hoy.

—¿Qué es lo más incómodo de este perfil nacional que describe?

—La incomodidad es una de mis más preciadas comodidades. Creo que siempre he sido molesto para el establecimiento, que es hipócrita. Gajes del oficio: el desenmascaramiento del *statu quo* es un reto para el teatro. Una pro-puesta para la puesta en escena. Una reflexión entre signos de interrogación. El teatro, cuyo rostro es justamente la máscara, produce la dialéctica sublime de la mentira en el medio que mejor miente al decir la verdad.

—Si el teatro, como dijo antes, es el espejo donde se reconocen los ciudadanos y, como acaba de señalar, es también la máscara que descubre la realidad que una sociedad quiere esconder, ¿qué papeles juegan el teatro público y el privado en la configuración de la identidad?

—El teatro es siempre público. Hablo de un teatro privado cuando me refiero al independiente, cuyo sostén financiero reside en la caja de resonancia con la audiencia que vulgarmente llamamos taquilla. El problema es que en Venezuela ya no existe teatro público. El auge de la producción de obras de teatro privado e independiente que vivimos en este momento es consecuencia de que nuestro régimen revolucionario cortó las subvenciones, redujo los tutelajes a las compañías de teatro y —con la actitud de

desprecio que tiene por los artistas de este país– cerró canales de
televisión. Si quedan flotando los artistas y los dramaturgos ante
los cierres de la televisión, ¿qué más se puede hacer? Hay algo
en este panorama que estoy describiendo que me molesta especialmente: hubo un momento en el cual el régimen tuvo todas
las gobernaciones del interior, pero a nadie se le ocurrió hacer
un circuito de teatro. Lo más grave es que esa falta de medidas
enfocadas en la proyección del teatro nacional en el interior, así
como otras mejoras en el área, no se toman en cuenta no por falta
de interés, sino porque en el gobierno desprecian esta forma de
arte. Así pasa con las mentalidades militaristas: piensan que las
artes escénicas mariconean. La cultura no entra en la estructura
de formación de un militar que se limita a decir: «Yo ordeno»
o «Yo obedezco». En estas líneas de pensamiento no caben la
libertad ni el diálogo.

**–¿Hay fantasías compartidas entre los venezolanos que
puedan activarse afirmativamente alrededor de un sentido de
pertenencia nacional?**

–Creo que merece la pena detenernos en la palabra fantasía.
En inglés a las obras teatrales se les denomina *plays* y la fantasía es un juego que jugamos porque, a diferencia de los anima-
les, reconocemos el pasado y sabemos que en el futuro lo único
seguro es la muerte. Por eso jugamos: para sentirnos inmorta-
les por breves instantes. Huimos, nos alienamos. Fantaseamos,
jugamos, cantamos poemas, representamos a otros. Inventamos
sonidos. Armonizamos nuestro entorno. Jugamos a bolas crio-
llas, al dominó. Componemos sinfonías, inventamos historias
paralelas, lloramos con los cinco sentidos cuando asistimos a la
muerte de Tosca en la ópera homónima. Escuchamos a Shakespeare porque es tan nuestro como Cabrujas. Y distinguimos un
«culo'e pulla» de la Octava sinfonía de Gustav Mahler.

**–Ahora que habla de Cabrujas, es interesante que la
vuelta del Festival Internacional de Teatro de Caracas, des-**

pués de seis años de ausencia, inicie su temporada con *El día que me quieras*. ¿Es, además de un tributo a Cabrujas, un comentario sobre el momento que vive el país?

–En primer lugar, los organizadores del FITC quisieron hacer un homenaje al ícono de la cultura nacional que es José Ignacio Cabrujas, un hombre que fue de izquierda en los tiempos democráticos. *El día que me quieras* es un sainete, o un neosainete, que hace un guiño a la obra de Rafael Guinand[3], dramaturgo que tuvo que recurrir a la comedia en los tiempos de Juan Vicente Gómez, cuando no existía ninguna libertad –y mucho menos existía el teatro público porque aquello era el primitivismo de la selva–. La comicidad es la forma de llegarle al público, para que se sienta identificado. En segundo lugar, esta obra ofrece la visión del fracaso del comunismo, vista por un hombre justamente de izquierdas. Eso es un golpe mucho más fuerte para la sociedad hoy en día que cuando se estrenó esa obra en 1979.

–¿Ha sabido la dramaturgia nacional interpretar el momento que vive el país?

–Creo que sí. El teatro siempre se mueve entre la identificación, la representación y la transculturización, que son los aspectos que señalaba anteriormente. Incluso el teatro aparentemente frívolo y cargado de humor está retratando lo que somos. En 2011, por ejemplo, se estrenaron varias piezas que hacían de espejo de nuestra realidad. Una de estas era *Diógenes y las camisas voladoras*. Ibsen Martínez tenía en cartelera dos obras. Una

---

3 Rafael Guinand (1881-1957) creó la compañía teatral Puértolas-Guinand y tenía una columna en el diario *El Sol*, titulada «Tirabeque y Pelegrín». También escribió su poemario *La farándula bohemia*, que fue ampliamente difundido en la década de los años sesenta a través de la colección sobre el teatro venezolano del Círculo Musical, empresa de Aldemaro Romero. Fue famoso por sus personajes cómicos y por escribir varios sainetes con los que disfrazaba de comicidad su crítica al régimen dictatorial de Juan Vicente Gómez. Entre estos sainetes se encuentran *El rompimiento* y *Yo también soy candidato*. Ortiz Guinand, E. (7 de junio de 2006). *ExtemForáneo*. Tomado el 11 de marzo de 2012 de Breve Bosquejo biográfico de mi abuelo Rafael Guinand: http://extempforaneo. net/wordpress/raices/mi-abuelo-rafael-guinand/breve-bosquejo-biografico-de-rafael-guinand

era *Petroleros suicidas*, que tiene como telón de fondo el paro petrolero de 2002, y *Como vaya viniendo vamos viendo*, en la que revive a Eudomar Santos, un personaje de la telenovela *Por estas calles*. Ambas hablan del país, aunque la primera tenía cierta densidad y la otra tenía un tono de ligereza, cuyo género no debemos despreciar.

—¿Qué asuntos son más urgentes para resolver en el teatro?

—La dramaturgia debe crear la caja de resonancia con el país. Venezuela necesita del teatro, aunque el pueblo pueda seguir sobreviviendo sin él —tranquilo, bebiendo cerveza, puede esperar su muerte. Doble muerte: la del teatro y la del ser nacional—. A medida que se aleje el ser nacional del teatro, más cerca estará del reino animal. El teatro está para hacer y hacerse preguntas, pues como la poesía o la filosofía, no resuelve nada. Al hacerse preguntas se convierte en otro problema y es sumamente incómodo para el poder.

—¿Qué medidas son necesarias para consolidar un aparato cultural en el país?

—La cultura no puede entenderse como una simple extensión de las Bellas Artes, sino como una construcción de la comunidad humana desde sus raíces. Debe huir del genocidio de la ética de la masa, que solo está presta a la destrucción del ser individual en la nación. Partiendo de esta hipótesis, el ente político tiene que elevar un fuerte poder público que motive la libertad de expresión en todos sus ángulos constructivos. En un Estado laico, el mecenazgo social hacia lo público parte de la distribución humanista del consumo del ocio en contraparte al trabajo de construir una entidad sociopolítica-administrativa. Un Estado consciente de arte y parte. Del equilibrio de las partes en concordia con el Estado. El teatro, el arte, la cultura, son públicas, luego políticas, por eso es deber de Estado privilegiarlas, porque estamos hablando de las primeras necesidades éticas. Una ética de concordia donde el Estado no es gobierno ni partido de gobierno ni politburó militarista ni mucho menos el *Proletkult*[4] de una élite que piense por el individuo o crea ser el intérprete ungido por una deidad olímpica. El Estado somos todos y todos debemos ser beneficiados por la distribución, promoción y consumo de la cultura de la cual somos, reitero con el juego de palabras, arte y parte. Le tengo terror a los ministerios de Cultura, pero deben existir por encima en la primera línea de esa mentada reingeniería de identidad a la que nos debemos abocar en las próximas décadas para reconstruir el Paraíso Perdido, que no será más que el Nuevo Paraíso ganado por nuestro empecinamiento en re-inventarnos generacionalmente.

---

4 Palabra rusa que se usaba en la época de la Unión Soviética para señalar a la cultura del pueblo.

LO VENEZOLANO CONVERTIDO EN CELULOIDE
ROMÁN CHALBAUD

> En el año 1986, cuando nos recortaron el presupuesto,
> dijeron que el cine venezolano era de prostitutas,
> guerrilleros y malandros. Pero tú también puedes decir
> que el cine americano se hizo con gánsters. Las putas,
> los malandros y los gánsters están fuera
> de la ley. *Hamlet* también.

De la misma manera que el desgarrado retrato que hiciera Ramón del Valle Inclán de la sociedad española creó el género literario del esperpento, en el cual deformaba la realidad desde sus propiedades grotescas y su lenguaje más coloquial, Román Chalbaud ha hecho un retrato de Venezuela a través de su clase marginal. Se ha convertido en la figura central de la cinematografía nacional porque su obra tiene que ver con su visión del país a través de los comportamientos de los desasistidos de los gobierno subdesarrollados que se han sucedido desde la implementación de la democracia en el país.

La historia contemporánea de Venezuela alimenta la obra de Chalbaud desde el principio. Su primer filme *Caín adolescente* (1958) se estrenó con el comienzo de la era democrática y *Pandemónium* llegó a los cines un año antes de que Chávez ganara las elecciones presidenciales. Las suyas no son obras que calquen la realidad sino que la matizan con los colores más oscuros de la paleta. Y es allí donde se aprecia su estilo. Su obra cinematográfica es «coherente desde el primero hasta el último de los (…) títulos que la integran; es un Tema con variaciones y toda ella podría calificarse como una 'ópera malandra', la única en el cine venezolano que ha sabido explorar una cultura específicamente urbana, caraqueña y marginal, revelando que existe en ella una insospechada pureza del alma, sobre la cual, una hipócrita clase media y una burguesía viciosamente atrincherada en el poder, vuelcan toda una terrible carga de prejuicios y mezquindades», escribió Rodolfo Izaguirre en *El Nacional*, en 1997 con ocasión del estreno de *Pandemónium, la capital del infierno*, antes de analizar simbólicamente a los personajes entre los que destacan el de Carmín, la madre ominosa que compara con la «gran Venezuela finisecular», y el del poeta sin piernas Adonais, típico personaje del autor que entre lo desagradable y lo obsceno va contando las miasmas de una clase que se lleva lo peor de la dinámica social venezolana.

En una de sus más célebres películas, *El pez que fuma* (1978), se retratan a través de la vida íntima de un burdel los hilos invisibles que mueven el poder y cómo este cambia de manos gracias a juegos de mentiras y traiciones en donde los más afectados son siempre los inocentes. También hay allí una metáfora de Venezuela y de la manera como se resuelven los asuntos políticos y de la «cosa pública» en el país. Sobre esto, el periodista Omar Khan escribió una vez en *El Globo* (1997): «De su obra se ha dicho de todo. Se le ha acusado de oportunista que ausculta las enfermas entrañas de la sociedad venezolana. Se le ha comparado con los más grandes del neorrealismo. Se ha asegurado que su cine se reduce a un puñado de putas y delincuentes. Se lo ha elevado a la categoría de realizador más importante que ha dado el país, pero también han montado sobre su espalda las pesadas cargas de ese estigma que, erróneamente, ha encasillado a 'todo' el cine venezolano detro del género de denuncia social».

Toda su obra es el retrato de la mella que deja la política con mayúsculas en la vida del pueblo, pues su obsesión más grande es conocer los mecanismos perversos del poder. Por su afiliación a las clases populares se declara seguidor de la Revolución Bolivariana, por lo cual ha sido criticado por unos y ensalzado por otros. En una entrevista con Olivia Liendo para *El Nacional* (2005), señaló que el proceso era muy necesario: «Lo entiendo muy positivamente, entiendo que hay un acercamiento al pueblo, aunque por supuesto todo es muy complejo. Es como si hubiese habido un terremoto y se hubiera cambiado todo. No es fácil; es un proceso que tiene que ir lentamente, tiene que cambiar la mentalidad de la gente, tiene que educar, culturizar. Aquí nunca se puso interés a los marginados».

Otras razones para su preeminencia en la tradición cinematográfica nacional es que con 22 largometrajes terminados, es el cineasta venezolano que más películas ha hecho y se ha dedicado al arte de contar historias en celuloide desde la década de los años cincuenta, cuando comenzó su carrera como asistente de dirección del realizador mexicano Víctor Urruchúa. El primer largometraje dirigido por Chalbaud, *Caín adolescente* (1959), fue una adaptación de su obra de teatro homónima. Entre sus filmes se encuentran los ya clásicos *Cangrejo* I y II (1982 y 1984), *La oveja negra* (1989), *Manón* (1986) y *Cuchillos de fuego* (1990). Y todavía continúa, pues en los últimos 15 años ha estrenado dos películas: *El Caracazo* (2005), *Zamora, tierra y hombres libres* (2009) y *Días de poder* (2010).

El artista también ha sido personaje central del teatro y de la televisión venezolana. Inició su actividad sobre las tablas en la década de los años cincuenta cuando, estudiante del liceo Fermín Toro, se inscribió en el Teatro Experimental bajo la dirección de Alberto de Paz y Mateos. Entonces estrenó tres obras: *Muros horizontales* (1953), *Caín adolescente* (1955) y *Réquiem para un eclipse* (1958). Más tarde, junto con Isaac Chocrón y José Ignacio Cabrujas, fundó la agrupación Nuevo Grupo con la que habrían de revolucionar las tablas nacionales al poner atención al valor del texto dramático, representar dramas de autor y promover los talentos emergentes de este género. En televisión, género del que critica su apego al *rating*, dirigió numerosas producciones para Radio Caracas Televisión y Venevisión como *Boves, el Urogallo*, sobre la novela de Francisco Herrera Luque;

La trepadora de Rómulo Gallegos; *La hija de Juana Crespo* de
José Ignacio Cabrujas, Salvador Garmendia e Ibsen Martínez,
El asesinato de Delgado Chalbaud, entre otras. Las novelas más
recientes que ha dirigido son *Amantes de luna llena* (2000),
Guerra de mujeres (2001) y *Las González* (2002), y para Venezolana de Televisión, *Amores de barrio adentro* (2004), escrita
por Rodolfo Santana.

El testimono de Chalbaud es necesario para esta serie de
entrevistas pues, no solo su cine hace un aporte a la discusión
sobre la identidad de los venezolanos, sino que sus obras filmo-
gráficas y teatrales son una parte central de ambas tradiciones.

**–¿Cómo define o cómo definen sus películas al vene-
zolano?**

–El pez que fuma es una obra de teatro que escribí a finales
de la década de los años sesenta y después la pasamos al formato
cine en el año 1976. Esa película es un emblema para todo el
mundo, no porque se trate de un burdel, aunque hubo críticos
que dijeron que era una metáfora de lo que era el país…

–El «país-burdel», decía José Ignacio Cabrujas…

–Exacto. La desfachatez, la mezcla entre respeto e irrespeto, lo tropical, la idea de que Caracas es un puerto y que en los
puertos todo es más libre porque llegan de los demás países las
influencias malas y buenas. La gente dice que el venezolano está
pintado en esa película. Claro que eso no quiere decir que todos
somos prostitutos o prostitutas, sino que es una manera de ser,
por ejemplo, esa mujer que da la vida por ese hombre, a pesar
de que ha tenido a tantos.

**–Ha hablado de tres características del perfil del vene-
zolano: la apertura (para lo bueno y lo malo), el arrojo filan-
trópico y cierta liviandad.**

–Sí, por ejemplo, ese personaje mío del viejo que ve a través
del telescopio y dice que hay otros mundos y quiere conocerlos.
Allí aludo a la gente que quiere escaparse de la vida: hay quie-

nes se aferran a algo y creen realmente en eso, cosa que a mí me parece realmente magnífica aunque sea mentira. En *Los ángeles terribles* está el personaje de Zacarías, un viejo que hace muñecas; un artista frustrado. En 1953, cuando empezó la televisión, nos llamaron a todos los que trabajábamos en cine. En esa época la televisión era en vivo. Entrábamos a las 3:00 de la tarde y salíamos a las 9:00 de la noche, cuando terminaba la transmisión. Luego los técnicos, actores y oficinistas nos íbamos a los bares. Entonces empecé a escribir, por todo lo que me decía la gente. Siempre quise hacerlo, desde pequeño. En Catia había borrachos que recitaban a Shakespeare o a Oscar Wilde y a mí me sorprendían. Uno de ellos fue aquel boxeador Sony León, que sabía de *Otelo*, porque hablaba de Yago, así como de *Romeo y Julieta* y de *Hamlet*. Así me encontré muchos borrachos que eran artistas frustrados. Y el Zacarías de *Los ángeles terribles* era así.

–¿Hay una intención simbólica con estos personajes, pues en el *El pez que fuma*, un personaje nace cuando se inaugura la democracia en Venezuela? Incluso con el personaje de Zacarías hay un símbolo, aunque sea el del artista fracasado que se repite hasta en *Pandemónium*, ¿no?

–Claro, y en *Sagrado y obsceno* es el viejo que vive oyendo a Bach. Y también en otra obra, en *Ratón de ferretería* hay un tipo que también está como frustrado, que quiere ser novelista como García Márquez y lo que hace es escribir telenovelas…

–¿Ahora no le gusta la telenovela? Usted ha trabajado en varias, ¿no?

–Muchísimas, porque necesitaba vivir de algo y ganaba un sueldo; pero no escribí, yo las dirigía. Le reclamo mucho a la televisión, incluso ahora mismo a la que produce este proceso, que trata de hacer cultura y tiene unos canales que no usa debidamente. Podrían tener enormes presupuestos para hacer magníficas telenovelas pero no los programas espantosos que tuvimos que hacer tanto tiempo y que se siguen haciendo, sino grandes telenovelas. Debería existir un presupuesto para los unitarios. Yo hice la vida de Teresa Carreño hace décadas, cuando la televisión era en vivo, pero entonces se hacían cosas más interesantes. La misma televisión es culpable; por eso la critico tanto. Trabajé allí, sí, pero siempre con el grupo que quería mejorar la televisión. No nos dejaban, nos decían: «Ustedes son muy intelectuales y a la gente le gusta revolcarse en el lodo» por no usar otra palabra más fea. Luego, Luis Herrera Campins dictó que la televisión debía ser cultural y el grupo que estábamos en Radio Caracas (José Ignacio Cabrujas, Salvador Garmendia, Ibsen Martínez, Pilar Romero y Fausto Verdial, entre otros) aprovechamos para hacer algo. Radio Caracas compró todos los derechos de la obra de Rómulo Gallegos y me mandaron a casa de Guillermo Meneses, porque yo era su amigo, para comprar sus obras *La balandra Isabel* y *Campeones*. Pero un día nos llamaron a Cabrujas y a mí y nos dijeron que nuestro trabajo de intelectuales no daba *rating*. Luego se abrió una puerta y apareció Arquímedes Rivero con los libretos de Delia Fiallo que se habían hecho en Venevisión en blanco y negro, para hacerlos en color y así lo hicieron. Ganaron mucho *rating* y todo. Pero nosotros siempre estuvimos contra eso porque el retraso cultural que ha sufrido el venezolano por culpa de la televisión es terrible.

–Pero entonces también había algunas iniciativas culturales.

–Paralelamente, cuando empezó Radio Caracas Televisión en 1954, a las 7:00 de la noche, podías ver *Anecdotario* de Margarita Gelabert, que hablaba de Friederich Chopin, Gustave Flaubert, Manuela Sáenz y otros personajes históricos. Pero luego no entiendo qué pasó y por qué se perdió todo eso. Yo hice todo por irme y lo logré en 1981. Pero los demás se quedaron, porque la gente necesita trabajar. Pero estoy en contra de que lo único que importe sea el dinero. Y ahorita el Estado debería dar más presupuesto a cada uno de sus canales para hacer mejores

programas, históricos, políticos, telenovelas y musicales. Porque además hay mucha gente sin trabajo…

—Se refiere a Venezolana de Televisión, Tves, Alba Ciudad…

—Sí, los canales del Estado. No me estoy metiendo con los privados, aunque les recrimino que se meten adentro de las casas y que el niño está más con el televisor que con el maestro.

—Las telenovelas, como el Miss Venezuela y el petróleo, son imágenes que reperesentan al país en el exterior. ¿Cómo cree que describen el perfil del venezolano?, ¿por qué cree que fueron tan exitosas?

—A la gente le gusta volar e imaginar. Cuando vine a Caracas a los cinco años de edad, llegamos a una pensión donde vivía una señora medio ciega, Berta Balarino, a quien todas las semanas le traían, por medio, unas ocho o diez páginas de un culebrón francés que yo le leía. No existía la televisión, pero eso era lo mismo que la telenovela de hoy en día, eso es tradición.

—Pero este es un género típicamente latinoamericano, venezolano, que triunfa en otros países. ¿A qué cree usted que se deba eso?

—Sí, pero cuando *Cristal* triunfó en España, demostró también que a los españoles les gustan esas cosas. Y todo eso también se derrumbó. ¿Quién lo derrumbó? No se sabe.

—Como director, ¿se define por el cine o por el teatro?

—Teatro, cine y televisión, a los tres los quiero igual. Al principio lo mío era el cine. Cuando me quebraban en los exámenes, mi mamá me prohibía ir al cine, que era un castigo terrible. Como me quebraron tres veces en el tercer año, mi mamá me consiguió un trabajo de *officeboy* en la Creole Petroleum Corporation y cuando empecé a trabajar en Bolívar Films me puse a hacer cine. Además, me volví el crítico de cine del «Papel Literario» de *El Nacional*. Luego, cuando empezó la televisión, me llamó Alberto de Paz, que había sido mi maestro de teatro en el

Fermín Toro y lo habían nombrado director artístico de la Televisora Nacional. Yo decía que trabajar en televisión era como la
digitación para el pianista; era como estar practicando cine. Ste-
ven Spielberg empezó en la televisión.

**–En las décadas de los años sesenta y setenta la situa-
ción política del país era bastante inestable por la guerrilla.
Vuelvo a esto porque eso marcó al país de muchas maneras
y se vio reflejado en los distintos géneros artísticos, sobre
todo en literatura, en cine y en teatro. Hoy se ven las consecuencias de eso. ¿Por qué marcó tanto aquel momento la
intelectualidad venezolana?**

–Todos venían de la izquierda. A Betancourt mismo lo
acusaban de comunista. Yo pienso que lo más terrible que pudo
pasarle a este país es que la gente de Acción Democrática, que eran
como los chavistas de esa época, rechazaran a los comunistas. En
Días de poder, guion que escribí con Cabrujas en 1961, hay una
escena que dice: «Si sigue la peinilla haremos la guerrilla»; todavía
la guerrilla no había empezado. Comenzó con toda la gente que
mataron los adecos. Para mí fue fatal esa traición al pueblo.

**–¿Cómo definió ese momento a los intelectuales y a
los venezolanos?**

–De todo lo que uno va viviendo, a uno le va quedando
y eso nos forma. Eso puede ser positivo, por eso a mí me parece
tan importante hacer películas históricas.

**–¿Qué asuntos cree usted, ahora que estamos hablando del
cine, que deben resolverse en la cinematografía nacional?**

–Un problema grave es que en las taquillas te dicen que
las entradas para ver películas nacionales están agotadas, y no lo
están. Porque según la ley la película tiene que estar dos semanas
en cartelera, vaya o no vaya gente, pero para pasar a tercera semana
los cines tienen que, cada uno, vender tantas entradas para que
pase a tercera semana; si no, no pasan. Entonces las taquilleras
tienen la orden: «Cuando le llegue a la entrada tal, diga que no
hay, que están agotadas».

–¿Está diciendo que se necesita apoyo al cine nacional, uno que venga ya también desde el sector privado?

–Al principio las apoyaban. Antes de pensar que eso podía ser un *boom* muy grande, las películas venezolanas daban dinero, que por eso yo he podido hacer 22 filmes. Aquellas de las décadas de los años setenta y ochenta vendían bien. Entre las más taquilleras que recuerdo están *Cangrejo*; *Macu, la mujer del policía* y *Más allá del silencio*. Hasta que un día el Estado dejó de dar dinero para las películas.

–¿Cómo ve el panorama del cine actual venezolano?

–Está mejor en el sentido de que hay una productora, la Villa del Cine, y una distribuidora, Amazonia Films. Esta distribuye las películas venezolanas y compra las extranjeras. El Estado produce películas: tiene estudios, camarógrafos y aparatos. Se están haciendo más películas porque hay más presupuesto. Gracias al impuesto hay un dinero que está entrando de las taquillas de cine al Estado y que va directamente a la Plataforma Cinematográfica. Además, ahora la Cinemateca Nacional se está extendiendo a través de nuevas sedes por toda Venezuela. La Villa del Cine es muy importante. La oposición ha dicho que eso es para hacer películas políticas, pero se ha hecho todo tipo de cine. A mí nunca me han preguntado nada y cuando llamo a un actor no me importa de qué manera piensa. Ahí no se hacen solamente películas políticas. Como prueba están las películas policiales de César Bolívar, que no es adepto al Estado. Además, están surgiendo nuevos cineastas y eso es importante. Lo que sí hace falta es una gran Escuela de Cine, porque la que acaban de hacer en La Universidad Nacional de Las Artes no es la gran escuela que yo pensaba.

–¿Y qué se necesita para una gran escuela?

–Como la escuela de San Antonio de los Baños, a la cual la gente va como interna porque no está en La Habana. La otra medida necesaria es que a esta institución se deben llevar magníficos profesores de todas partes del mundo.

–**¿El cine nacional en este momento le está hablando al país? ¿Qué películas recomienda?**

–*Hermano* me gustó; *El rumor de las piedras* y *Reverón* también. Se están haciendo cosas buenas. También lo que se hace en las comunidades es importante. A mí me invitaron hace dos años al Festival de Cine Llanero, con películas hechas en los cinco estados llaneros. Les dan camaritas a gente que nunca las ha usado y de pronto ves cosas horribles y mal hechas, pero de las diez películas estaba una sensacional, la que ganó el premio, *Vegueros.*

–**¿Cómo ve los temas de estos discursos cinematográficos frente a los que se proponían hace 30 años en el país?**

–Creo que cada quien debe hacer lo que le provoque. El que quiere hacer musicales, policiales o cine socialista que los haga. Eso hay que respetarlo, pero siempre se habla de que es difícil encontrar un guion bueno. Pero esto se está desarrollando; aquí somos profesionales. Javier Aguirresarrobe, un fotógrafo vasco de los mejores del mundo, que trabaja en Hollywood, vino aquí a hacer *Manón* y *La oveja negra* y él se sorprendía de la calidad de nuestros técnicos y realizadores, inclusive en Bolívar Films. No podemos despreciar lo nuestro. En el año 1986, cuando nos recortaron el presupuesto, dijeron que el cine venezolano era de prostitutas, guerrilleros y malandros. Pero tú también puedes decir que el cine americano se hizo con gánsters. Las putas, los malandros y los gánsters están fuera de la ley. *Hamlet* también. Y *Medea.* Así como *Crimen y castigo*, las grandes obras de la literatura, desde los griegos, versan sobre el irrespeto a la ley y eso es muy atractivo para los lectores o las audiencias. La única que no irrespeta la ley, ¿sabes quién es? Corín Tellado.

–**¿Cree que la polarización política afectó al público de sus películas?**

–No los ha afectado, siguen teniendo éxito. Lo digo porque me sorprendo, a pesar de todos los ataques que han hecho contra mí, me sorprendo cuando en las calles de Maracaibo, Barquisimeto o Maturín me reconocen y me saludan. Tengo esa maravilla de que la gente me quiere, no todo el mundo por supuesto, pero yo camino y me paran; de manera que no ha afectado a mis películas.

–Usted también es director de teatro. ¿Cuál es su opinión del teatro que se está haciendo ahora? ¿Cree que la regla es un tipo de obra, digamos, más ligero?

–Es lo mismo que pasa con la televisión, que con el tiempo se ha convertido en un medio comercial con unos precios exorbitantes. Donde los que triunfan son los que aparecen en televisión. Entonces se ha convertido en eso, cuando nosotros tuvimos un teatro muy vigoroso que montó clásicos; ya eso no se ve como antes. Cuando estrené *La quema de Judas* en 1964, la gente rompía las paredes de vidrio para pasar y aquello duró seis meses con teatro lleno y era una obra que trataba temas sociales. Igual fue con *El pez que fuma* y *Los ángeles terribles*. Hacen falta grandes obras y que los jóvenes que escriben teatro se adueñen de la situación. Por eso, esta polarización política que hay no me parece nada acertada: toda la gente de la oposición se ha puesto a hacer obras comerciales. Lo único que he visto bueno de todo esto es el rescate de los teatros como El Principal y están rescatando El Rialto para teatro infantil. Pero de títulos creo que hacen falta obras rigurosas, que tengan un gran éxito, que le hablen a la gente, como eran las de Cabrujas y Chocrón.

–¿Cuál cree usted que fue el legado del Nuevo Grupo?

–Conocí a Isaac Chocrón en la Experimental Venezuela, después nos separamos porque a él lo mandaron a estudiar en el exterior, pero cuando volvió le monté su obra *Asia y el lejano oriente*, que fue un éxito. Como tuvimos una pequeña ganancia, decidimos hacer El Nuevo Grupo, con Miriam Lembo, Rafael Briceño y Cabrujas. Duró 20 años. Entonces, lo que nosotros recibíamos de presupuesto del Inciba, que fue la institución que precedió al Conac, no era nada especial. Pero alquilábamos la casa de enfrente y en el garaje hicimos la sala Juana Sujo, donde se estrenó *Acto cultural*. El alquiler del local era carísimo: ocho mil bolívares, y teníamos que pagar los avisos y a los actores. Es decir, nunca alcanzaba.

–Los críticos dicen que con El Nuevo Grupo entra el teatro moderno a Venezuela. ¿Cuáles eran las ideas que los llevaban a ustedes?

–Éramos totalmente distintos, tanto que hemos debido ser enemigos. Como yo tengo esa cosa de respetar al enemigo, Isaac [Chocrón] pensaba completamente lo contrario de lo que pensábamos José Ignacio [Cabrujas] y yo. Cada uno tiene su personalidad y su manera de ver el mundo que hay que respetar. Pero en El Nuevo Grupo nos propusimos estrenar teatro venezolano; por eso hicimos un curso de obras de teatro para jóvenes y de allí salieron muchos talentos, como Edilio Peña. También montábamos teatro de texto como William Shakespeare, Harold Pinter, Eugene Ionesco, Bertolt Brecht y Antón Chejov.

–¿Cree que se necesitan hoy en día más «Nuevos Grupos»?

–Pero por supuesto, se necesita que se monten obras buenas. Cómo es posible que, por ejemplo, una cosa que a mí me parece que no funciona es la Compañía Nacional de Teatro, que es del Estado; ahorita están haciendo unas coproducciones con grupitos del interior, pero no es LA COMPAÑÍA NACIONAL DE TEA-TRO[1], que Isaac Chocrón dirigió durante años, cuando el Teatro Nacional estaba lleno siempre. En la Compañía Nacional de Teatro tú tienes que contratar a los mejores actores y montar los clásicos del teatro.

–Y, ¿por qué no se está haciendo eso?

–No sé, hay que preguntarle a Eduardo Gil que es quien lo dirige ahora. La Compañía hace coproducciones con grupos

---

1 El énfasis es de Chalbaud.

pequeños de teatro del interior. Yo no me opongo; eso se debe hacer también, pero yo pienso que la Compañía Nacional de Teatro debería ocuparse del teatro clásico.

–Su película más reciente es *Zamora*, del año 2009. ¿Qué le permite este cine histórico?

–Siempre me gustó; lo que pasa es que siempre es más caro hacer una película histórica por el vestuario, la utilería, los decorados que tienes que construir. Pero no es que me gusta solamente el cine histórico; puede ser que un guion histórico no me guste y no lo hago, pero sí me parece que a la gente hay que recordarle la historia; me parece importante que la gente piense en eso…

–¿Y en este momento por qué es importante reflexionar sobre la historia?

–En cualquier momento es importante.

–Usted también tiene experiencia como gestor cultural. Trabajó en la presidencia de la Asociación Nacional de Autores Cinematográficos; trabajó en la Televisora Nacional y también en la Cinemateca Nacional.

–Siempre he rechazado un trabajo detrás de un escritorio, sé que a lo mejor sentándome allí haría mucho bien, pero no me haría bien a mí mismo. Prefiero ser creador y dirigir una obra o una película.

–Claro, pero ¿qué aprendió de esas experiencias?

–Que no debo hacerlas. Y tengo una productora, que es la Productora Román Chalbaud. Si yo fui director de la Cinemateca Nacional es porque José Antonio Abreu es peligrosísimo y te convence de cualquier cosa. El presidente era Oscar Lucien y trabajamos mucho tiempo juntos y tratamos de hacer muy buena programación y se hizo, y sobre todo allí se empezó a restaurar películas; restauramos *La escalinata* de César Enríquez. Pero de todas maneras, yo prefiero estar aquí en mi casa, escribiendo obras.

HEGEMONÍA PARA CAMBIAR LA IDENTIDAD
MARCELINO BISBAL

> Deberíamos ahora preguntarnos cómo utilizaremos
> el potencial de las nuevas tecnologías con otro sentido,
> no solamente con el mercantilista y de espectacularidad,
> sino con uno enfocado hacia fortalecer nuestra ciudadanía.

Desde hace casi treinta años, Marcelino Bisbal se ha dedicado a la comprensión del desarrollo de las industrias culturales en Venezuela. No es esta una tarea fácil durante la Era de la Información y mucho menos en un país donde en los últimos tres lustros se ha edificado el entramado de medios comunicacionales públicos más grande de América Latina. Y es justamente en el estudio del alcance hegemónico de los medios de comunicación del Estado el área en la que el director de la *Revista Comunicación* del Centro Gumilla ha concentrado sus trabajos más recientes.

En 1998, cuando Chávez llegó al poder, eran pocos los medios informativos de carácter público: Venezolana de Televisión (VTV), la señal radial en amplitud modulada (630 AM) para el centro del país, otra en frecuencia modulada (91.1 FM) y la agencia de noticias oficial Venpres. No eran medios muy vistos y su infraestructura tecnológica era precaria. A partir de 2002, como reacción al apoyo de los medios privados a la marcha que pretendió llegar hasta Miraflores el 11 de abril y, especialmente, a la división de la pantalla durante la alocución presidencial que evidenció la matanza en El Silencio, el gobierno comprendió el poder de estos medios e inició una estrategia para contrarrestarlos. En julio de 2002 se creó el Ministerio de Información y Comunicación, pero la primera política comunicacional estructurada se publicaría dos años después, unos meses después del triunfo de Chávez en el referéndum revocatorio.

Hoy el gobierno cuenta con cinco canales de televisión. Además de VTV, creó Vive TV, Asamblea Nacional TV (adscrita al Poder Legislativo) y Ávila TV, que perteneció primero a la Alcaldía Metropolitana, pero ahora está administrada por el Minci. A raíz del retiro de la concesión a Radio Caracas Televisión, el 14 de mayo de 2007, y a través del decreto presidencial 38.682, se creó la Fundación Televisora Venezolana Social (TVES), canal que entra en funciones de transmisión la noche del 27 de mayo de 2007. También en el marco de este fortalecimiento del aparato comunicacional gubernamental, el gobierno promovió la creación de Telesur, un canal de alcance regional que se sintoniza por cable o satélite[1].

Posee también la Radio Nacional de Venezuela (RNV) que, a su vez, administra tres emisoras: una en amplitud modulada, otra en frecuencia modulada y la otra en banda internacional y el grupo de emisoras, cuatro en total, que forman el circuito YVKE Mundial. La antigua Venpres se convirtió en la Agencia Bolivariana de Noticias (ABN). A escala internacional el gobierno cuenta con la red Ven-Global News, que ofrece información de la actualidad nacional en todo el mundo. Se suman tres diarios financiados por los fondos públicos: *Vea*, *El Correo del Orinoco* y *Ciudad CCS*.

Sin contar con el enorme aparato digital y de las telecomunicaciones que se ha desarrollado paralelamente[2], a esta enorme

---

1 Telesur salió al aire en 2005 con el respaldo financiero y logístico de otros seis países de la región. La mayoría accionaria la mantiene Venezuela y luego se le suman Cuba, Bolivia, Ecuador, Nicaragua, Uruguay y Argentina. Este canal cuenta con unos 400 empleados y 12 oficinas en el extranjero.

2 En este ámbito, el gobierno creó la CVG-Telecom, unidad de telecomunicaciones que responde a la Corporación Venezolana de Guayana y a Edelca (Electrificación del Caroní). En 2008 esta empresa empezó a ofrecer una red de alta velocidad para el transporte de datos, pero más adelante aspira a proveer servicios de internet y televisión por cable a localidades que no sean atractivas para la inversión privada. Esto es posible pues, desde el 29 de octubre de 2008, el país cuenta con el satélite Simón Bolívar, conocido internacionalmente como VENESAT 1, que es administrado por el Ministerio del Poder Popular para la Ciencia y la Tecnología a través de la Agencia Bolivariana para Actividades Espaciales de Venezuela. Además, cabe mencionar en este apartado la nacionalización de la Cantv,

estructura mediática se le añaden aproximadamente 400 emisoras de radio comunitarias, 36 televisoras comunitarias y unos 100 periódicos, muchos de ellos financiados o subsidiados por el Estado y la mayoría de los cuales parecen profesar la ideología de la Revolución Bolivariana.

El recuento de la plataforma mediática gubernamental hecho hasta acá fue suministrado por Bisbal y ha sido la base de sus estudios sobre lo que llama la hegemonía comunicacional como política de Estado con el objeto de mantener en el poder a la Revolución Bolivariana y a Chávez. Esto se debe a que en el centro de todo este abismal entramado mediático se encuentra un solo vocero: el presidente.

Esta tesis las expone en el libro *Hegemonía y control comunicacional,* una compilación de trabajos que convoca a comunicólogos como Gustavo Hernández Díaz, Andrés Cañizález y Raisa Uribarrí, entre otros interesados en describir las relaciones entre comunicaciones, cultura y política en el país. En el prefacio y su ensayo incluido allí, «Comunicación masiva como política de gobierno de Hugo Chávez Frías», Bisbal señala que la Revolución Bolivariana propone políticas públicas que privilegian la interacción simbólica con el objeto de refundar la identidad venezolana, a partir de la premisa del Socialismo del siglo XXI e intentan quebrar el monopolio de los medios privados. Para Bisbal, entre las imágenes de esta lucha se encuentran el abuso de las cadenas, la promulgación de un marco legal intimidatorio, el mencionado cierre de RCTV, así como de 32 emisoras de radio y de dos canales de televisión regional, que agudizan en su condición extrema la estrechez del cerco. La encarnizada lucha entre los medios privados y el gobierno ha convertido a las plataformas de información en «piezas claves y cajas de resonancia de la mediación social y política del presente».

---

lo que otorga al Estado el control de la telefonía, las telecomunicaciones y de la informática, pues esta compañía maneja 70% de las llamadas nacionales y 42% de las internacionales.

Por lo escrito en los párrafos anteriores, por asumir que la Revolución Bolivariana es una marca sustentada en la promesa de darle continuidad a la gesta emancipadora iniciada por Simón Bolívar en el siglo XIX[3] y que ha sido efectiva en la creación y difusión de una identidad de marca que busca convertirse en identidad nacional, la presencia de Bisbal en las páginas de este proyecto editorial son cruciales para analizar el perfil de los venezolanos y entender la manera como los medios se han convertido en los aparatos de representación del gobierno. «Si los medios son constitutivos de la nueva manera de ver al país y al mundo en plenitud, hoy, en la realidad del presente venezolano, ellos actúan como mediaciones entre los distintos procesos que vivimos día a día y esto es tan cierto para un lado como para el otro», escribe el comunicólogo en *Hegemonía y control comunicacional.*

–¿Cómo se articula la relación de la formación de una identidad nacional con los medios de comunicación?

–A la identidad, siguiendo los escritos de Aldous Huxley, la podemos comparar con un álbum de familia donde solo los parientes reconocen de una ojeada los retratos del tío Víctor o del primo Honorato y evocan implícitamente sus manías o sus anécdotas. Los extraños son excluidos de este diálogo silencioso: no tienen la identidad del grupo. En este tiempo de mundialización de la cultura es más fácil hablar en términos de identidad global, de mezclas interculturales e hibridación cultural. Porque si la identidad es el reconocernos ante los mismos signos de orden cultural, hoy los actores de la sociedad se identifican con signos-símbolos más bien globales. Incluso, podríamos hablar de una identidad transnacional o mundializada. Surge así el fenómeno de la glocalización, donde lo local y lo global se hibridan y los rasgos de producción cultural globales se reencuentran con signos-símbolos locales.

---

3 Para más información, ver esta entrevista con Bisbal: Roche Rodríguez, M. (2009b, julio 13). «Chacón fue el verdugo de RCTV y Cabello será el de Globovisión». *El Nacional, Escenas,* p. 3.

—**Esta identidad «glocalizada» ¿no es un obstáculo para establecer una identidad nacional?**

—No. La «glocalización» es parte de la identidad nacional, entendida esta última como esos rasgos locales con los cuales nos reconocemos. Lo que pasa es que ahora estas características se cruzan con rasgos mundiales. La publicidad es la disciplina que mejor uso ha hecho de este fenómeno. Miremos el caso de la publicidad que hace la Coca-Cola en la temporada de béisbol. Aunque la marca sea internacional, se acerca a los consumidores venezolanos a través del deporte y los deportistas nacionales. Otro buen ejemplo es la música: recientemente las canciones de Simón Díaz, un cantautor muy nuestro, han sido reeditadas por grupos de música electrónica, que no es propiamente folclórica. Allí se produce el fenómeno de la glocalización. Es decir, se toma una instrumentación que no es propia pero que es global dentro de la cultura juvenil y se la localiza con una expresión folclórica. También en los campos de la moda y la gastronomía son evidentes estos cambios de producción y reconocimiento cultural.

—**¿Cree que la Revolución Bolivariana se convertirá en un hito de la historia de Venezuela?**

—Creo que sí. Los historiadores de mañana, cuando hagan la reconstrucción de este proceso que nos ha tocado vivir, van a valorar que el venezolano aprendió la idea de la participación. Que nosotros, sin ayuda de un salvador, sino como ciudadanos de una república, asumimos que tenemos obligaciones y el deber de participar porque tenemos corresponsabilidad en el futuro de nuestro país. Esos historiadores tendrán que reconocer que la excesiva politización que nos hemos visto obligados a asumir nos enseñó que la política con mayúsculas implica la participación en la polis, en la ciudad. También ha sido ganancia de estos años duros la capacidad de reconocer al otro que está empobrecido y entender las lamentables condiciones en las que vive para ayudarlo y reeducarlo en un sistema de valores. Y, para finalizar con este punto, creo que hemos aprendido que Venezuela es apenas una cagadita en el planeta Tierra y digo esto porque a veces cuando uno escucha a la gente hablar o ve la publicidad y la propaganda de la televisión venezolana parece que este es un gran país. Más bien es un país pequeño que, a pesar de todo su petróleo, requiere mucho trabajo de sus habitantes para salir de abajo.

–En una entrevista con *El Nacional* en el año 2009, a propósito de *Hegemonía comunicacional*, usted señalaba que la propaganda del gobierno creaba la idea de que el protagonismo militar es deseable para el país o de que ser rico es malo y de que corríamos peligro de que esto se convirtiera en parte de nuestra identidad nacional. ¿Cree que esto es ocurrió?

–Creo que sí. En los sectores más populares, los menos instruidos, creo que eso está presente. Aunque todos habiten un mismo espacio y tiempo, hay varios venezolanos actuando desde lugares distintos, como si habitaran varios países. Digamos que uno es el venezolano de las clases media y media alta, que suele ser profesional y en esta década ha vivido cambios importantes. Variables como la inseguridad, la violencia, el deterioro del país, el conflicto político lo han hecho más desconfiado, inseguro, desesperanzado, y hasta ha cambiado su propia percepción como sujeto social individual y colectivo. Por eso siente, muchas veces, la necesidad de emigrar en busca de una mejor vida. Pero está también el otro venezolano, el de clase popular, que ha cambiado por las mismas variables antes mencionadas: se ha vuelto desconfiado, pero también más pedilón como producto del exacerbado populismo del actual proceso político. Este venezolano no tiene la posibilidad de irse del país, pero cabría preguntarnos si le gustaría convertirse en emigrante.

–¿Qué los une a ambos?

–El venezolano ha sido acostumbrado a recibirlo y a esperarlo todo del Estado, del empresario, del patrón o cualquier otra autoridad. Esta manera de pensar sigue entre nosotros, incluso en el siglo XXI.

–En entrevistas anteriores y artículos académicos ha tratado el tema de la «mediocracia» o el gobierno de los medios y ha sugerido también que la sociedad es una construcción de los medios. Si esto es así, ¿qué sociedad están construyendo medios venezolanos ahora?

–Para bien o para mal, los medios de comunicación social han desempeñado un papel importante en nuestra sociedad, especialmente en la construcción de ciudadanía. Hoy nuestra ciudadanía es mediática: los medios tergiversaron el papel del líder y de la política. A lo mejor yo soy un poco frankfurtiano[4] o a lo mejor soy un intelectual nostálgico porque creo que llegamos a una etapa de la historia de la humanidad donde todo se ha convertido en un gran espectáculo y los medios, por supuesto, tienen un papel importante en esto. Aquí estoy parafraseando la queja que hizo Mario Vargas Llosa en su libro *La civilización del espectáculo*[5].

---

4 Bisbal se refiere aquí a los postulados de la Escuela de Frankfurt, un grupo de científicos marxistas asociados al Instituto de Investigación Social fundado en esa ciudad en 1923. La primera generación de esta escuela estaba integrada por los filósofos Max Horkheimer, Theodore Adorno y Herbert Marcuse, el psicólogo Eric Fromm y el crítico literario Walter Benjamin. El máximo representante de la segunda generación, cuando comienza a llamársele Teoría Crítica, fue Jürgen Habermas, quien abandonó el marxismo por una visión más generalizada de la realidad social. Los seguidores de esta filosofía asumían que la manera en que los investigadores observaban los fenómenos humanos, así como sus objetos de estudio, estaban condicionadas por las estructuras políticas e ideológicas de la sociedad. Por eso, más que un programa de doctrinas, la Escuela representaba una manera crítica de observar la realidad: intentaba dilucidar las agendas escondidas detrás de las manifestaciones culturales. Esta es la primera escuela de pensamiento que se encarga del estudio de los medios de comunicación masiva que en la época estaban apenas surgiendo, pero que ya habían probado su capacidad de manipular a las masas en el desarrollo de los regímenes totalitarios en Alemania e Italia. Audi, R. (Ed.). (2005). *The Cambridge Dictionary of Philosophy* (2.ª ed.). Nueva York: Cambridge University Press, pp. 324-325. También Edgar, A. & Peter, S. (Eds.). (2005). *Cultural Theory: The key concepts*. Nueva York: Routledge, pp. 150-155.

5 El ganador del Premio Nobel de Literatura de 2010 señala que el mundo actual se ha articulado como una civilización del espectáculo «donde el primer lugar en la tabla de valores vigente lo ocupa el entretenimiento, y donde divertirse, escapar del aburrimiento, es la pasión universal». Vargas Llosa, M. (2012). *La civilización y el espectáculo*. Madrid: Alfaguara, p. 33.

–Queja que el francés Gilles Lipovetsky le echó por tierra a Vargas Llosa[6]...

–Han desaparecido los grandes relatos y los intelectuales que eran capaces de ver la totalidad y tenemos ahora unos profesionales en el mundo de las humanidades que se mueven de una manera espectacular, todo esto producto de la mediocracia. Los medios y la internet han contribuido a la desaparición del intelectual de la visión total. El asunto de los medios y la mediación se complica mucho ahora por la presencia de los nuevos medios producto de la competencia tecnológica, como las redes sociales. Incluso con profesionales bastante bien formados, hoy tenemos intelectuales del picoteo que saben de mucho, pero tienen un milímetro de profundidad.

–El intelectual del pasado, ciertamente, era más completo, pero era un hombre que estaba fuera de la sociedad, dictando sus juicios de valor sin conectarse realmente a su comunidad, y quizá no sea tan malo que el intelectual sea ahora más «pedestre».

–Tienes razón. Quisiera un intelectual que tuviera una visión de totalidad pero que entendiera que la vida se juega en el día a día, en la cotidianidad. Eso es, de hecho, lo que dijo Lipovetsky a Vargas Llosa: que una señora que vive de limpiar casas no le gusta el *Ulises* de James Joyce, pero esa es su realidad y, en

---

6 Gilles Lipovetsky, autor de *La era del vacío* (1983) y *El imperio de lo efímero* (1987), sostuvo una conversación con Vargas Llosa en el Instituto Cervantes de Madrid sobre el tema de su ensayo dedicado a la superficialidad de la sociedad contemporánea. Contrario al peruano, el autor francés no cree que la situación sea tan grave: «La cultura de masas ha liberado al individuo de los megadiscursos. Los ciudadanos no siguen los dictados de las autoridades como antes, buscan el placer y el hedonismo cultural, que los hace más felices porque tienen capacidad de elegir y construir sus propias vidas». A lo que Vargas Llosa le respondió: «Yo no veo esa felicidad. Creo que los niveles de violencia y de infelicidad crecen en la sociedad contemporánea». El problema para él es que «se han perdido todas las jerarquías estéticas y que ya no tenemos criterios objetivos para determinar el valor de una obra de arte». Es algo que, a su juicio, se produce con especial gravedad en el terreno de las artes plásticas: «Hemos llegado a un punto en que todo puede ser arte y nada lo es». Ojeda, A. (2012, abril 25). Tomado el 10 de julio de 2012 de El Cultural: http://elcultural.es/noticias/LETRAS/3098/Vargas_Llosa_y_Gilles_Lipovetsky_alta_cultura_vs_cultura_de_masas.

términos culturales, es tan válida esta como la otra. Deberíamos ahora preguntarnos cómo utilizaremos el potencial de las nuevas tecnologías con otro sentido, no solamente con el mercantilista y de espectacularidad sino con uno enfocado hacia fortalecer nuestra ciudadanía. En cuanto a la situación de Venezuela, que es lo que nos ocupa, creo que los grandes medios de alguna manera han contribuido a construir ese perfil de la inseguridad, de la desconfianza, de la desesperanza; nuestros medios han jugado también un poco a eso. Yo creo que podrían jugar en otro sentido.

—Pero las estadísticas son reales; aquí son obscenas las cifras de muertos los fines de semana.

—Sí, pero no te puedes contentar con decir solo lo que pasó, sino que tienes que ofrecer algunas alternativas. No solamente contentarnos con decir que esta es nuestra realidad insegura y jodida, porque entonces el receptor se hunde más en esa realidad suya de todos los días. También debemos decirle que, a partir de aquí, es posible dar un salto cualitativo, es decir que no se hunda, que no se quede solamente en esto. Vayamos un poco más allá, yo creo que el periodista, el comunicador, los grandes medios que también somos intelectuales, podemos contribuir a mejorar eso.

—¿Qué temas de la discusión cultural son más urgentes en Venezuela?

—Debemos rescatar la institucionalidad y ubicarla como ente generador de políticas públicas culturales, y no como aparato proselitista de un proyecto político. Debemos también romper con la falsa separación entre los distintos campos culturales, sin menosprecio de los mismos para darle importancia solo a uno. Pero lo que es más espinoso y debemos resolver cuanto antes es la censura y la persecución ideológica, que lleva a la exclusión y a la intolerancia. El otro asunto tiene que ver con la idea de instaurar un pensamiento único desde el cual se reinterpreta el hecho cultural e histórico. En síntesis, hay que hacer realidad lo que consagra la Constitución de la República Bolivariana de Venezuela en sus artículos 98, 99, 100 y 101 que hacen referencia a los derechos culturales y educativos[7].

–¿Cuáles son las necesidades culturales del venezolano?

–Por un lado, al ciudadano «consumidor» de cultura hay que garantizarle unos productos culturales de calidad que fomenten su reconocimiento con la cultura de estos tiempos. Deben ser productos que rompan con el falso dilema entre cultura popular, elitista y de masas. Por el otro lado, el gestor y productor de cultura debe tener garantías de libertad en el acto creativo; no debe haber censura y mucho menos autocensura en el hacer. La política cultural debe asegurar los espacios de creación.

–¿Cuáles son los principales problemas que enfrentan los medios de comunicación?

–La situación de los medios de comunicación en el país hoy es deplorable. En primer lugar, la actual administración ha sido incapaz de garantizar el ordenamiento del espacio público de las comunicaciones para promover y garantizar amplitud y variedad de las coberturas informativas y, en particular, el pluralismo de la opinión pública nacional. Los venezolanos hemos estado sometidos a una peculiar represión mediática que se expresa en dos vertientes fundamentales: por un lado, la confiscación progresiva de todos los medios radioeléctricos del Estado para uso exclusivo y beneficio del gobierno y su partido y, por otro, el cerco incesante a la libertad de expresión. Además, la oferta política de este gobierno se desnaturalizó de sus propósitos y orientaciones primigenias en función de la implantación de un modelo de pensamiento único, autocrático y de culto a la personalidad del presidente. Se ha ido articulando una hegemonía

---

7 Art. 98. La creación cultural es libre; Art. 99. Los valores de la cultura son un bien irrenunciable… y en tal sentido el Estado fomentará y garantizará…; Art. 100. Las culturas populares gozarán de atención respetándose la interculturalidad; Art. 101. El Estado garantizará la emisión, recepción y circulación de la información cultural.

comunicacional. La presencia de toda una estructura de medios en manos del Estado evidencia una política bien orquestada de un «Estado-comunicador» que ha visto en la información y la comunicación el espacio privilegiado para la educación en pos de la ideología socialista que proclama el gobierno.

–¿Y qué sugiere para comenzar a enfrentar estos problemas?

–Reconociendo esa situación, debemos revisar las políticas públicas hacia el sector de las comunicaciones, comenzando por su marco jurídico. En cuanto a los medios del gobierno en funciones de Estado, creo que el país requiere la creación de un servicio público de radiotelevisión, como lo viene proponiendo Antonio Pascuali desde la década de los años setenta. Es importante concretar la despolitización de los organismos del Estado que regulan las telecomunicaciones. Debemos también limitar la duración y la frecuencia de las cadenas nacionales, siguiendo el criterio racional de interés público. Sobre la publicidad oficial creo que deberíamos establecer parámetros y principios legales orientados a la asignación transparente de pautas publicitarias oficiales. Propongo también una revisión de los distintos casos de retiro de concesiones, confiscaciones de equipos y cierre de canales de radio y de televisión. Así mismo, debemos garantizar el acceso de los ciudadanos y de los profesionales de la comunicación a la información en poder del gobierno. Capítulo aparte merecerá el acceso a internet, que tiene que ver con las comunicaciones digitales y el tema de las telecomunicaciones.

–¿Cómo ha afectado a la cultura venezolana la desaparición de algunos y el debilitamiento de otros medios masivos y privados?

–Algún día, cuando todo esto cambie y nos toque valorar cómo está el parque de los medios de comunicación social, descubriremos que el gobierno, en funciones de Estado, conformó una enorme plataforma con sentido ideologizante, sin una contraparte. Los medios que podían ser su contraparte desaparecieron, el caso de RCTV es el más evidente, y los otros que quedaron se neutralizaron. Hace más de treinta años Antonio Pascuali planteó el proyecto RATELVE[8] que sigue siendo válido. Este esquema contempla un sector de medios públicos de altísima calidad que sirvan de modelo para un sector de medios privados que funcionen con el sentido de la publicidad y un sector de medios comunitarios, aupados desde el sector público y también desde el privado, que se ocupen de sus localidades.

–¿Qué papel están llamados a hacer los medios comunitarios?

–El sector de los medios comunitarios es riquísimo y ha sido potenciado en otras partes del mundo, los mejores ejemplos están en Estados Unidos e Inglaterra. Pero aquí han sido secuestrados por el aparato gubernamental. Esos medios, sin embargo, no tienen impacto ni siquiera en la comunidad porque nadie los oye, ve ni lee. Los medios de este tipo deben responder a los intereses de la comunidad en donde ellos operan y hoy no ocurre eso. Si una persona está viendo televisión y comienza una cadena nacional, entonces se cambia al cable. Las estadísticas demuestran que la televisión por cable después del cierre de RCTV ha crecido de una manera impresionante, porque la gente se escapa. No es gratuito de ninguna manera que en la Asamblea Nacional hay una ley para regular la televisión por cable. En mediciones que hemos hecho en la Universidad Católica hemos visto cómo en los sectores populares cambian inmediatamente a DirecTV o Intercable. No les interesa.

---

8 Una de las primeras medidas que tomó el Consejo Nacional de la Cultura, cuando se fundó en 1974 y tras la desaparición del Instituto Nacional de Cultura y Bellas Artes (Inciba) fue la redacción de un Proyecto de Ley de Comunicaciones que incluyera un informe específico sobre radio-televisión. Así nació el informe sectorial del Conac titulado «Diseño para una nueva política de Radiodifusión del Estado Venezolano: Proyecto RATELVE», que proponía la aplicación en Venezuela de un «régimen mixto auténtico», competitivos privados y servicios complementarios públicos». Pasquali, A. (1980). *Comprender la comunicación.* Caracas, p. 269.

—**También usted ha estudiado el desarrollo de los medios tecnológicos en el país. Si apenas 40% de la gente (menos de la mitad del país) tiene acceso a internet y en Caracas se concentra 89% de la penetración de esta herramienta, ¿tiene sentido señalar que las tecnologías están reformando la identidad nacional?**

—Esos porcentajes van creciendo. Manejo cifras de Tendencias Digitales que demuestran que los sectores D y E están conectados a internet. Aunque no se conecten desde la casa, lo hacen desde el cibercafé o el infocentro. Lo hacen para comunicarse con los amigos. Me parece interesante que el elemento político no tiene frecuencia en el uso de las tecnologías. A la gente le interesa entretenerse en internet.

—**¿Qué ventajas genera esta hiperconexión a los venezolanos en la crisis que viven?**

—La gran oportunidad es su apertura al mundo. Ahora, en este punto hay algo sobre lo que debemos llamar la atención: en el año 2008 la Asamblea Nacional, con mayoría oficialista, reformó la Ley de Responsabilidad Social en Radio y Televisión y Medios Electrónicos y creo que eso es muy peligroso porque le cedió al gobierno la capacidad técnica de interferir en cualquier momento dado cualquier página de internet. Las grandes operadoras que prestan el servicio son cuatro: Digitel, Movistar, Intercable y Cantv. Digamos que 90% de todas las conexiones a internet pasan por el nodo central de Cantv.

—**¿No se pueden instalar otros nodos para garantizar el acceso a internet?**

—Técnicamente sería mejor un solo nodo porque da mayor velocidad a la conexión; en lugares como Estados Unidos o Europa, todas las conexiones pasan por un solo nodo. Aquí los que estamos por Cantv pasamos por allí. El objeto de esta iniciativa gubernamental sería que no pudieran abrirse ciertas páginas como Lapatilla. como lo que pasa en China, que no se puede usar Google.

—Lo interesante del fenómeno de internet en Venezuela al que se refería antes es que, a pesar de que las estadísticas indican que el uso de las redes sociales en el país privilegia el entretenimiento, ahora la gente coloca temas en la agenda pública (lo que antes hacían los medios de comunicación). ¿Cómo configura esto una nueva forma de ciudadanía?

—Yo manejaría ahí una racionalidad política y no una simplemente instrumental. No será posible contar con un aparato cultural e institucional si no hay un cambio político en el país que no asuma la cultura como un aparato ideológico. Si eso cambia, creo que tenemos un futuro por delante. Lo que ha sido el desarrollo vertiginoso de esta tecnología comunicacional que nos permite procesar mucha información, yo creo que eso ayuda a la construcción de una ciudadanía a futuro que se va a perder de vista. Se requiere un cambio político en el país que vea la cultura no como aparato ideológico, propagandístico y proselitista de construcción de un país con tendencias comunistas, por muy posmodernos que ellos sean. Se requiere, entonces, una renovación política del aparato del gobierno en funciones de Estado. Esta es una premisa de arrancada. Luego, desde ahí, la cultura y las comunicaciones sociales deben ocupar el lugar que ellas se merecen como la punta de lanza de los grandes cambios del siglo XXI. A este tiempo, cuando ha emergido un paisaje cultural distinto, se le ha denominado Sociedad de la Información, del Conocimiento o en Red. Es inherente al presente que las comunicaciones tienen un papel fundamental en los procesos de creación, conservación y circulación de los contenidos culturales.

TRASCENDER LA MENTALIDAD NEOCOLONIAL
IRAIDA VARGAS

Hay que darle la vuelta a la historia.

Hablar de la gente común, de la verdad histórica.

Tomar en cuenta a miles, de miles, de miles.

Iraida Vargas Arenas tiene un completo currículum profesional. Es antropóloga egresada de la Universidad Central de Venezuela en el año 1964 y en la Universidad Complutense de Madrid cursó estudios de doctorado en Historia, los cuales finalizó con el grado *Cum Laude*. También realizó estudios de postgrado en el Instituto de Altos Estudios de la Universidad de la Sorbona y en el de Mineralogía de Leyden. Fue *research fellow*, o miembro investigador, en el Instituto Smithsoniano estadounidense, el complejo más grande de museos y centros de investigación en el mundo, ubicado en Washington.

Adicionalmente, Vargas ha recibido varios galardones por sus investigaciones. En 1974 se hizo merecedora del Premio Municipal de Literatura, mención Ensayo, «Manuel Díaz Rodríguez», así como la Orden al Mérito Académico «Doctor José María Vargas», de la UCV, en Primera Clase, en 1993. Ha sido docente en pre- y postgrado, así como conferencista en universidades y centros de investigación nacionales e internacionales. Ha integrado también diversas comisiones del Consejo Nacional de Ciencia y Tecnología.

Además de los temas históricos en general, sus líneas de investigación incluyen la revolución feminista en Venezuela, el desarrollo de los pueblos amerindios, así como diversos estudios arqueológicos en Guayana. Más recientemente ha emprendido junto a su esposo, Mario Sanoja Obediente, estudios sobre la Revolución Bolivariana que son cruciales para entender las bases culturales e ideológicas de este movimiento. Es en este sentido que la entrevista a Vargas Arenas se hace importante para este proyecto editorial, el cual trata de entender la manera como la identidad de una comunidad se relaciona con sus proyectos de Estado-nación.

«El pueblo venezolano no tiene una esencia inmutable, pero sí expresa un proceso de humanización, de transformación del ambiente manifestado en sus modos de vida, en sus estructuras sociales y en la creación de sus condiciones materiales de vida a lo largo de la historia, todo lo cual le confiere una calidad histórica particular que se expresa como Nación venezolana. (…) El socialismo, en nuestra opinión, significa fundamentalmente desarrollar las fuerzas productivas de la sociedad, resolver la cuestión nacional, la injusticia y la exclusión social que trae aparejada la existencia de clases sociales, mejorar las condiciones materiales y espirituales de la vida de la población y (…) la descolonización, la capacidad de llevar adelante una forma de vida determinada solamente por nuestros propios intereses, por nuestras esperanzas como colectivo social», puede leerse en *La revolución bolivariana. Historia, cultura y socialismo* (Sanoja Obediente y Vargas Arenas, 2008, pp. 96-97). El libro es una selección de los artículos que junto a su esposo publicó entre 2003 y 2006 en la revista *Quimera* con el cual, según señalan en la introducción, se propone indagar en los temas sociales y políticos que marcaron esos años a partir del «conocimiento y la indagación de la vida de nuestros pueblos, lo cual determina su conciencia histórica (vii). Esta obra comparte el mismo tema con otras suyas como *La saga del pueblo venezolano* (2007) y *Razones para una revolución* (2004), que también publicó en coautoría con su esposo.

Otras de sus publicaciones sobre asuntos antropológicos son *Antiguas formaciones y modos de producción venezolanos* (1974), *Las edades de Guayana. Arqueología de una quimera* (2005) y *Resistencia y participación* (2007).

—¿**La identidad del venezolano ha tenido cambios significativos en los últimos 15 años?**

—Desde que yo estudiaba en la universidad, los psicólogos sociales alertaban sobre la existencia de una autopercepción negativa de sí mismos entre los venezolanos. En trabajos más recientes a los que yo he tenido acceso, de comienzos de la década del 2000, ya se empezaban a notar algunos cambios en esa autopercepción negativa y para eso fue decisiva la aparición de la Revolución Bolivariana.

—**En esta autopercepción negativa ¿cuáles son las ideas más comunes?**

—Según decían, el venezolano se ponía una serie de etiquetas negativas. Primero, creemos que como pueblo somos incapaces de superar la pobreza y para eso necesitamos la ayuda de los extranjeros; así, asumimos que el dominio imperial es inevitable porque somos incapaces de solventar nuestros propios problemas. La otra valoración negativa se refiere a cómo asumimos que es mejor lo que se hace en el exterior porque creemos que allá es mejor la ciencia, la música, la literatura. De esta manera siempre existía la identidad por contraste, donde el venezolano necesitaba reafirmarse constantemente. Por eso, cuando los psicólogos sociales preguntaban cómo se percibían los venezolanos, estos respondían que eran flojos y desordenados, ente otras características negativas.

—¿**Esto no tendría que ver con el hecho de que Venezuela fue colonia española?**

—Sí, eso está vinculado con haber sido colonia y no haber solventado nunca esa condición, a pesar de toda la gesta libertaria del siglo XIX. Hay algunos investigadores recientes —entre los que me incluyo— que plantean que en realidad nunca hemos dejado de tener una mentalidad neocolonizada. Fíjate que en este caso no me refiero a una sociedad colonizada, sino neocolonizada, pues esto es característico de la expansión de Estados Unidos y de Europa hoy en día. Los valores culturales tradicionales son vistos como muestras de atraso y lo verdaderamente progresista es todo lo que nos viene de fuera.

–¿Cuál es la diferencia entre una mentalidad neocolonizada y una mentalidad postcolonial[1]?

–¿Postcolonial? Ninguna, bueno, postcolonial es simplemente cronología, es decir que vino después de la colonia. Yo me imagino que cuando los autores y autoras lo usan quieren decir eso: que fue después de la colonia. Pero «neocolonizado» no se refiere a una cuestión cronológica: los imperios desde, pongamos, el siglo XVI, como el inglés, el portugués y el español, crecieron por anexión de territorios, de población y de recursos. Para eso es necesario que controlen la mentalidad de la gente que someten. Así, crean una ideología de la colonización que implica que, primero, el dominado considera que eso es natural y, segundo, el colonizado garantiza la reproducción de esa ideología. En otras palabras, el colonizado, al creer que esa manera de vivir es natural, reproduce la ideología de la dominación. Esa situación ha sido característica cada vez que un imperio está en expansión y logra estabilizarse, pero cuando este desaparece, se crean nuevas situaciones con nuevos actores sobre los viejos esquemas. Ahora ya no será una Corona el centro del imperio, sino una clase social dominante, pero sigue la relación de sometimiento.

–Esto es lo mismo que describe Franz Fanon en *Piel negra, máscaras blancas* (1952)[2].

---

1 *Postcolonial* es un término que viene de la teoría del postcolonialismo, según la cual las naciones de Asia, África y América Latina se encuentran aún en una situación de subordinación cultural y financiera con respecto a Europa y Estados Unidos. El postcolonialismo señala un estilo político y una filosofía de activismo que reacciona ante la disparidad entre naciones, e intenta continuar las luchas anticoloniales del pasado. Uno de sus precursores fue Franz Fanon y entre sus intelectuales centrales están Homi Bhabha y Edward Said. Young, R.J. (2003). *Postcolonialism: A very short introduction*. Oxford: Oxford University Press.

2 Psiquiatra y filósofo nacido en Martinica, cuando era colonia francesa, cuyos libros influyeron en la teoría crítica y se cuentan entre los textos fundamentales de la postcolonialidad. En el libro citado, Fanon señala que más importante que la colonización histórica de los imperios fue la colonización

—En primer lugar, la condición colonial te cambia la principal vía de comunicación que tienen los seres humanos: la lengua, lo que implica también una nueva visión del mundo, otra manera de concebir la realidad y de relacionarse con los demás. Ese primer elemento colonial persiste en este país. Hoy, el sometimiento ha variado, así como los actores y las circunstancias, pero no ha desaparecido totalmente. En el caso venezolano, eso está muy bien documentado desde el siglo XVI hasta el siglo XIX, con Simón Bolívar y los demás libertadores persiste una situación de coloniaje total. Desde el siglo XIX hasta los años veinte del siglo siguiente persiste una situación de neocoloniaje ya no con España, sino con Inglaterra y con Francia. Durante la época de Antonio Guzmán Blanco, por ejemplo, nosotros teníamos como ejemplo de metrópoli a París.

—Antes dijo que la autoconcepción negativa del venezolano ha comenzado a cambiar. ¿Cómo ocurrió esto?

—El pueblo venezolano que sigue al presidente Hugo Chávez repite reiteradamente una frase que da muy bien la idea de lo que está sucediendo. «Este pueblo despertó», dicen para demostrar que lo que ellos asocian con los dominadores ya no los puede engañar más y de que esa situación de dominación está superada. La otra frase que repiten es: «Somos antiimperialistas», porque Chávez les ha quitado la venda. Entonces eso supone que ellos comienzan a sentirse capaces de decidir su propio destino, que es uno de los rasgos fundamentales de la identidad, porque ahora tienen un concepto de la soberanía que no tenían antes.

—¿En qué se basa ese nuevo concepto de soberanía?

—No es un nuevo concepto, es que ahora la soberanía se ha asumido como un valor cultural. Es decir, la patria tiene que

---

cultural por la cual los sujetos perdían su lenguaje y asumían el del imperio, con lo cual además se embebían en esa manera de pensar y de ver el mundo. Esta es la base de la llamada mentalidad postcolonial. Fanon, F. (1967). *Black Skin White Masks.* New York: Grove Press.

ser soberana, lo cual incluye territorio, lengua, tradiciones, gente, recursos.

–¿Qué tipos de aportes hace la arqueología, como ciencia, para el estudio de este tipo de temas?

–La arqueología es historia. Y allí se ancla la identidad nacional. Cuando tú muestras una lectura de la historia de Venezuela distinta, alternativa a la que se venía repitiendo, develas un matiz en la identidad. Vamos a poner un ejemplo. Siempre se dijo que en Venezuela no hubo altas culturas, porque nuestros indios eran nómadas y guerreros, pero la arqueología ha demostrado que eso es falso. En primer lugar, nuestros indígenas ya no eran nómadas para cuando llegaron los conquistadores. Eran grupos tribales, algunos con un alto nivel de complejidad, casi tipo Estado. En los libros de historia con los que estudiaron mis hijos yo leía barbaridades como, por ejemplo, que los indígenas no sabían sembrar y que fueron los españoles quienes les enseñaron.

–¿Propone que se revise la enseñanza de la historia en Venezuela?

–Tengo una estudiante que hizo un trabajo sobre la enseñanza de la historia en la década de los años ochenta. La tesis pretende entender cuáles son los contenidos de la historia antigua de Venezuela que aparecen en los *pensa* de estudios que recibían los alumnos, si mal no recuerdo, entre el primer grado y el tercero, y eso coincidió con la época de Rafael Caldera, que eliminó la enseñanza de la historia y de la geografía de la educación primaria. Se implementó entonces la enseñanza de una cosa que se llama «Sociales» –allí incluían también otras materias como geografía, ética y cívica. Me refiero a los programas de estudio de la primaria, porque allí es cuando se les enseñan los valores a los niños. El trabajo demostró que la enseñanza de la historia antigua era prácticamente nula. Nos dimos cuenta de que el problema viene de la enseñanza de una historia y decidimos hacer propuestas de qué temas y de qué formas se podían incorporar a la enseñanza. Esto se insertó dentro de una lucha general entre los historiadores y el Ministerio de Educación para que se arreglaran los currículos. Todavía hay fallas porque en esa época abundaban en los programas de estudio estereotipos negativos sobre los indios y los negros.

—¿Esta proliferación de estereotipos no tiene que ver también con la mentalidad positivista que rigió las investigaciones hasta bien entrado el siglo XX?

—A partir del positivismo, manera de pensar con la que fuimos formados todos los de esas generaciones, fue acuñada por Laureano Vallenilla Lanz la tesis del «gendarme necesario», que señalaba que los pueblos que fueron colonizados, con enorme población negra e indígena, debían ser sometidos por la fuerza.

—Antes de entrar en esa materia, quisiera que me dijera si sabe de algún tipo de modernidad que no sea eurocéntrica.

—No, porque la modernidad como tal surge en Europa y se difunde a todo el mundo. Allí está la segunda colonización, que es la neocolonia.

—¿Cuáles son las alternativas a la modernidad, entonces, para construir un proyecto nacional?

—En aquel momento no hubo alternativa. Nuestros gobernantes estaban tan neocolonizados, más que los llamados intelectuales, que no creo que se plantearan nunca transgredir las normas. Aunque sí había gente que pedía que se pensara en la patria y no en los intereses foráneos: Miguel Acosta Saignes[3], incluso el mismo Mariano Picón Salas, aunque era un hombre conservador, y Lisandro Alvarado. Este último luchó contra la deformación de nuestra identidad.

---

3 Fundador de los estudios de antropología y de la Escuela de Periodismo de la Universidad Central de Venezuela.

–Pero me refería a las alternativas al proyecto moderno que hay ahora.

–En este momento sí, ahora hay otras ideas. Comentaba que el pensamiento moderno venía de Europa y trataba de imponernos un modelo de desarrollo basado en lo que había pasado allá.

–Pero el proyecto moderno sigue siendo una aspiración en las sociedades de hoy, ¿el neocolonialismo al que se refiere no se reproduce a través de internet?, ¿del mundo globalizado? Manuel Castells y Jesús Martín Barbero[4] dicen que es más parecido un niño de los Estados Unidos a uno mexicano de lo que es un niño a un aborigen de su propio país.

–Hay diferencias importantes. La sociedad tenía una población donde 1% tenía 80% de los ingresos del resto de la sociedad. No había manufacturas prácticamente, pues había tres sistemas productivos: la economía de la plantación, la del hato y la metalurgia, y nadie estaba interesado en crear ninguna factoría de nada. Ninguno de ellos se planteaba: «Vamos a hacer una factoría para fabricar los trajes de las señoras», y las señoras de ese 1% pedían sus vestidos a Francia o la Inglaterra y se vestían con eso. Todas sus costumbres eran europeas: el teatro, la música, la pianola, los libros que leían. El resto de la población era iletrada, pero aún así no se planteaban: «Estamos dominados». No, todo lo contrario; ellos se sentían franceses o ingleses.

–Quería que se refiriera a la relación de la cultura nacional con el mundo globalizado. Si los países viven ahora en un mundo interconectado, ¿qué tipo de cultura nacional o popular se articula a partir de este país que pertenece a una aldea global?

–Aquí tenemos que hablar de las clases sociales. Es solo recientemente, desde la mitad del período Chávez, cuando empe-

---

4 Ambos son teóricos de las comunicaciones sociales que se han ocupado del estudio de la Sociedad de la Información y de cómo se configuran las culturas nacionales y los individuos frente al fenómeno de la globalización.

zó el desarrollo de los infocentros; antes, 80% de los venezolanos no solo no tenían acceso a internet sino a ninguna computadora. Así, se globalizó la clase media y la burguesía, pero no la sociedad venezolana en su conjunto. Además, los valores culturales no se reproducen porque simplemente tú te conectes, sino que tienen que ser compartidos entre la gente porque lo sientan. Entonces, cómo vas a llegar tú a crear un valor o un conjunto de valores de carácter cultural con una cantidad de desconocidos; puedes considerar valiosa esa clase de comunicación, que es lo que creo que está sucediendo, y proyectar tu propia cultura, pero no creo que se haya generado una cultura nueva. Creo que tenemos que plantearnos primero qué es cultura, porque siento que, incluso con este gobierno, para muchos la cultura tiene la connotación antropológica de ser un modo de vivir.

–Me refería a fenómenos internacionales que impactan a los venezolanos de todas las clases sociales, por ejemplo, el *reguetón*, que es un fenómeno que se originó en guetos en Estados Unidos. Esto se reproduce en Venezuela como parte del fenómeno de la globalización en los barrios más pobres.

–Claro, pero no te olvides que esto llega a través de las industrias culturales.

–Claro, porque los asuntos transculturales son parte de este monstruo enorme, leviatán, en donde estamos todos metidos que es el mundo interconectado. La pregunta se refería a la discusión sobre la cultura popular y la cultura nacional. Se trata del gran paradigma del siglo XXI: ¿cómo estas nuevas tecnologías pueden crear nuevas formas de interacción con las culturas nacionales, locales y mundiales?

–Claro que los crean, eso sin lugar a dudas. Por ejemplo, a mí, que soy de otra generación, me cuesta mantenerme dentro de las redes sociales. Indudablemente que afecta, pero no le daría el valor de una cultura; no puedo decir que se genera un modo de vivir cibernético.

–**Tampoco me refiero a la cibernética: quiero saber cómo cambia la tecnología a la sociedad venezolana.**

–La tecnología forma parte del modo de vivir de una sociedad, pero no *es* su modo de vivir. Hay que garantizar el acceso tecnológico a la mayoría para ver qué pasa. La gente que trabaja con la informática plantea que todavía hay enormes sectores que ni siquiera tienen acceso a un computador y si lo tiene se ve restringido su uso. De manera que sí existe, cómo negar la importancia de la internet, pero uno decide todavía con base en intereses que están ligados a mi realidad y no a una realidad etérea, abstracta y cibernética. Simplemente, para mí la tecnología es, en este caso, un acelerador, facilitador y no un fin en sí mismo.

–**Antes, cuando habló de la supuesta superioridad de una clase sobre otra que impuso la mentalidad positivista, quedó por fuera la discusión sobre el mestizaje, una de las piedras angulares de la definición de la identidad venezolana: la idea de que este pueblo es híbrido, con un poco del blanco, del negro, del indio. ¿Cómo opera hoy esta idea en la identidad nacional?**

–Si hubieras hecho esa pregunta hace diez años la respuesta sería diferente. En este momento, los antropólogos no quieren hablar de mestizaje porque están reivindicando la diversidad, uno de los elementos de la realidad latinoamericana y uno de los que ha sido más vapuleado por las relaciones imperiales de dominación. El problema no es el mestizaje, que es un proceso dado, sino el «mestizajismo», que es la ideología del mestizaje. Inventé ese nombre porque todos los «ismos» tienden a ser ideológicos.

–**¿En qué se basa esta ideología del mestizaje?**

–Dice que al final todos somos iguales porque la Madre Patria, que fue España, nos guió hacia la civilización, todos nos mezclamos y eso hace que la sociedad venezolana no sea racista, que sea igualitaria, que le dé oportunidades a todos por igual. Un compendio de mentiras, que viene de la idea de crisol de razas que Arturo Uslar Pietri manejaba muy bien[5].

–Dice que ahora se prefiere hablar de diversidad, supongo que son los antropólogos.

–Sí, el objeto es tratar el tema del mestizaje como parte de la diversidad y reivindicar que hubo indígenas que no se mezclaron con nadie y que después de la conquista vino mucha gente de otras partes del planeta, lo cual nos dio una enorme diversidad lingüística, morfológica y biológica.

–A partir de esta idea de diversidad, ¿qué necesidades culturales aún no encuentra satisfechas esta población?

–Mencioné que desde 1830 la oligarquía decidió que los sectores populares eran un obstáculo para el progreso. Eso no ha cambiado mucho. Entonces esa población de, yo le calculo, 70%, que tiene mezcla de población de origen africano, fue desatendida desde el establecimiento de la república. Por eso es que hay pobres en este país.

–Volvamos a las necesidades culturales de esta sociedad, ¿cómo se articula?

–Creo que se mantienen varios mitos entre nosotros. El primero es pensar que este país no es racista. Otro es que se piensa que el venezolano no es inteligente, sino «vivo» o astuto. Yo disiento de esto, pues la viveza es una garantía de supervivencia en un pueblo que no recibía nada. Entonces, ¿cuál es la antítesis de eso?, ¿qué debería hacerse? Primero, explicarle lo negativo que es para ellos mismos, la idea de viveza, el ser vivo, el no respetar los derechos de nadie, el ser escandaloso e indisciplinado. La indisciplina, yo siempre lo digo a los que me quieran oír en este proceso de cambio que llevamos a cabo, es antirrevolucionaria. Ningún proyecto se puede llevar a cabo con indisciplina, del

---

5 Equivale al *melting pot* que se usa en Estados Unidos para designar la unión armónica de razas y nacionalidades. Presupone que las sociedades heterogéneas, producto del mestizaje, pueden ir convirtiéndose gradualmente en homogéneas.

corte que sea, de derecha o izquierda. Por supuesto, la obsesión disciplinaria de Adolf Hitler no es lo que queremos, no hay necesidad de perder la alegría porque se sea disciplinado. También, otro mito es la persistencia de la definición positiva del otro para definir en nosotros lo que incide en una valoración negativa de nuestra capacidad creadora.

–También se puede argumentar que estos problemas del racismo tienen que ver con una mala percepción del otro.

–Aquí se valora mejor el fenotipo que no es nuestro. Si lo mismo que yo digo ahorita lo dice una mujer en inglés, en francés o con acento, se lo van a creer más. Entonces, las metas individuales son definidas por los objetivos del otro. Un ejemplo de esto es la idea de éxito. Cuando, en *Aló, Presidente,* Chávez le pregunta a una muchacha: «¿Tú qué estás haciendo?», ella responde: «Estoy estudiando comunicación social», «¿Y dónde vas a trabajar?», pregunta el presidente. «Yo quiero que me dé un puesto en Telesur», responde ella. Ni siquiera se plantea trabajar en su comunidad; su definición de éxito está en el canal que tiene más proyección internacional.

–¿Qué se está haciendo ahora para resolver esto?

–Ahora se está haciendo algo en ese sentido, pero no veo sincronía entre lo que hacen los ministerios. Los valores culturales no solo los enseñas, sino que tienes que ayudar a que la gente los practique. Noto que la creación de valores todavía no se ha logrado por la falta de sincronía entre las metas del Ministerio de Educación y el de Cultura. Contra esto conspiran los medios de comunicación, sobre todo las telenovelas. Las clases populares ya aceptaron como valiosos los comportamientos que se muestran en la pantalla. Es decir, la muchacha que sale de la pobreza porque se enamora del dueño de la casa que la preña o lo que sea. El éxito se mide porque te «infles las lolas» o porque te vistas de una determinada manera; ese es un valor que se va acentuando. Nadie les dice que el valor es que estudien.

—¿De los mitos que ha hablado hasta ahora hay alguno que crea que se puede activar de manera positiva?

— Sí, estos mitos surgen de una lectura distorsionada de la historia. Por ejemplo, la violencia en las calles. He oído decir que eso es por lo del «bravo pueblo». Si nuestro sistema educativo pudiera detectar estos problemas y darles una lectura adecuada esto se resolvería. Por ejemplo, nosotros conocemos a Guaicaipuro, al que se identifica como un cacique guerrero, pero nadie se acuerda de que quien lo dirigía a él era una mujer, una estratega, como se acostumbraba en los grupos indígenas entonces. Hay una sobrevaloración de la condición guerrera. Todo eso está ligado a la cosmogonía que se maneja en el país y nosotros tenemos que cambiar eso, dándole su verdadero contenido, porque si Guaicaipuro fue el gran guerrero, Atacuana fue la gran estratega.

—¿Piensa, entonces, que se debe incluir en la historia oficial también la historia civil del país?

—Hay que darle la vuelta a la historia. Hablar de la gente común, de la verdad histórica. Tomar en cuenta a miles, de miles, de miles.

EL RENTISMO COMO CONDENA
MARGARITA LÓPEZ MAYA

> Los venezolanos no hemos superado el Viernes Negro.
> Intentamos dejarlo atrás con el gobierno de Hugo Chávez,
> con la propuesta de la democracia participativa y pareció
> que lo íbamos a lograr, pero con la entrada del Socialismo
> del siglo XXI se hizo naufragar esa posibilidad.

Margarita López Maya es investigadora del proceso sociopolítico actual y es una de las analistas más profundas de la Revolución Bolivariana, porque ha estudiado, desde el principio, cada paso de su desarrollo. Es doctora en Ciencias Sociales y profesora del Centro de Estudios del Desarrollo (Cendes) de la Universidad Central de Venezuela, además de *fellow* del Woodrow Wilson International Center for Scholars en Washington.

Desde mediados de la década de los años noventa, como otros académicos y especialistas en el tema, López Maya advertía sobre la crisis de legitimidad de la democracia venezolana, que se evidenciaba en la desestructuración de los partidos políticos del llamado puntofijismo, así como del joven partido La Causa Radical. La historiadora conjeturaba entonces también el cambio profundo en el sistema político nacional, pero lo que era imposible para ella y para los profesores que secundaban su análisis era predecir que se encarnaría una «lucha hegemónica feroz», según denominó al enfrentamiento entre chavismo y oposición en 2002 en una entrevista con el periodista Hugo Prieto (2002, p. 4). Así, mientras en el resto del mundo estaban en revisión los paradigmas del neoliberalismo y del comunismo, en Venezuela se enfrentaban las fuerzas de dos proyectos inspirados por esas visiones de la economía.

El primer proyecto, que venía practicándose en el país desde finales de la década de los años ochenta, tuvo su símbolo en el gabinete de tecnócratas impuesto por Carlos Andrés Pérez en su segunda presidencia, en concordancia con las medidas neoliberales propuestas por organismos financieros internacionales y puestos en práctica también en varias naciones de América Latina con la esperanza de sacar a la región del atolladero económico en el que estaba. Dos hechos evidenciaron que ese modelo había dejado de lado a la gran masa pobre y marginal del país. El primero fue la tragedia de El Amparo, en 1988, cuando un comando especial de represión de grupos subversivos colombianos, integrado por miembros de las Fuerzas Armadas y de los cuerpos policiales nacionales, «masacró a más de una docena de pescadores que organizaban una fiesta e intentó después maquillar el crimen como un enfrentamiento con irregulares colombianos» (Caballero, 2010, p. 302). El otro fue el Caracazo del 27 y 28 de febrero de 1989, una serie de disturbios originados por el aumento de la gasolina, al principio de la segunda presidencia de Pérez (1989-1993). Estos hechos pueden explicar el amplio apoyo que recibió el segundo proyecto, identificado con el chavismo, que aunque no es un modelo acabado –«ninguno de los dos lo es», aclaró López Maya a Prieto (2002)– se presentó como un proyecto progresista que quería mantener el control del petróleo, pero también incluir a las poblaciones de menos recursos en el aparato económico y político nacional.

Durante los años más duros de la polarización política, entre abril de 2002 y el referéndum revocatorio de agosto de 2004, el prestigio como analista de la autora de *Chávez, una revolución sin libreto* (2007) se mantuvo incuestionable, aunque algunos trataron de ubicarla del lado del chavismo o de la oposición para desprestigiarla. El 27 de agosto de 2004 leyó la «Exposición con Motivo del Reconocimiento en la Asamblea Nacional de la Ratificación del Presidente», documento con el cual quedaba sellada la reafirmación de Chávez en el poder, por lo menos, hasta 2006. En un artículo de opinión publicado en los días subsiguientes,

María Beatriz de Majo escribió que la académica había puesto «la primera piedra en el camino de la concordia» y señaló que su alocución podría servir para construir un primer elemento «del diálogo por el que claman la oposición y el Gobierno, sin decidirse ni unos ni otros a emprenderlo con amplitud, tolerancia y altura» (de Majo, 2004). En los análisis del discurso publicados reiteradamente en los diarios del país por esos días se alababa la capacidad de López Maya de ver los desaciertos del gobierno, evitar los clichés sobre la Revolución Bolivariana, criticar el verbo encendido del presidente, así como de denunciar la falta de atención de la oposición a la gestión del gobierno.

Desde la reelección de Chávez, en 2006, y la profundización de la Revolución Bolivariana que implicó la reforma constitucional y la implementación del Socialismo del siglo XXI, López Maya advierte sobre el autoritarismo del presidente. Dice la académica en profusos artículos al respecto, que si la primera presidencia de Chávez, entre 1999 y 2005, se caracterizó por el modelo sustitutivo de importaciones, la modernización industrial, el empoderamiento de las comunidades, la nacionalización del petróleo, la integración latinoamericana y la inclusión de las grandes masas marginadas en el sistema de la democracia participativa, el esquema que comienza a imponerse desde 2006 acabó con las expectativas de esas medidas, que eran el resultado de las demandas de los más variados grupos de oposición al llamado neoliberalismo –por no encontrar en el léxico político nacional una definición más exacta de ese período– en las décadas de los años ochenta y noventa.

A cambio, Chávez ofrece como proyecto de Estado nacional el «Socialismo del siglo XXI», discurso que podría haberse mantenido como un lema vacío del populismo, pues este nuevo sistema planteado en la reforma constitucional de 2006 no estaba bien definido al no sustentarse en un debate de sus postulados entre los venezolanos, pero que terminó por convertirse en proyecto

de gobierno, empoderado por la sanción, ese mismo año, de la
Ley de Consejos Comunales. López Maya estudia esta propuesta
desde su formulación y aunque ha buscado una definición precisa
de este modelo no puede distinguir nada más allá de su asociación
con la instrumentalización de los programas sociales. Por eso, ha
denunciado repetidamente que este sistema revierte los postulados de la democracia participativa, al restringir la participación
popular a una dinámica donde las políticas públicas trazadas por
el gobierno central son ejecutadas por los consejos comunales.
Por esta razón parecen estarse viviendo tensiones fuertes entre las
formas de representación y las de democracia directa (Moleiro,
2007; Roche Rodríguez, 2009a). En las próximas líneas, expone
sus investigaciones y opiniones sobre este proyecto de nación, el
Socialismo del siglo XXI, y la relación de este con el resto de los
proyectos de la Revolución Bolivariana.

**–¿Cree que este es el momento para hablar sobre iden-
tidad nacional?**

–No sé si el tema sea la identidad, pero sin duda es el país
como nación y como cultura.

**–¿Cree que en los años de la Revolución Bolivariana se
ha transformado el perfil del venezolano?**

–Se ha exacerbado uno de nuestros rasgos más esenciales:
el de pertenecer a una sociedad petrolera rentista, acostumbra-
da al asistencialismo del Estado y que vincula el igualitarismo al
reparto equitativo de la renta petrolera. Nosotros éramos un país
fragmentado y aquello que nos convirtió en nación fue la conciencia de tener petróleo. Allí apareció inmediatamente el «otro»
amenazante: las transnacionales petroleras. Es decir: nosotros
tenemos el petróleo y ellos son los que nos lo quieren quitar.

**–Se trata de la misma estructura que teníamos en la colo-
nia: había cacao y café y los españoles lo comercializaban.**

–Sí, pero en la Venezuela agroexportadora no había la
capacidad de crear una nación integral, pues los peones y los

esclavos que trabajaban en las haciendas al final del siglo XIX no compartían nada con los blancos criollos. La independencia se logra con varias guerras funcionando al mismo tiempo: la de los esclavos para liberarse de sus amos, por ejemplo, además de esa de los blancos y los blancos criollos para expulsar a los españoles. No hay, sin embargo, una nación unida, aunque la ética independentista trate de pegar esa nación. El Estado entonces era mínimo y su objetivo era mostrar una imagen internacional de unidad, aunque no tenía homogeneidad interna debido a los acentuados regionalismos. Eso terminó con el petróleo, que construyó la cohesión social. La identidad en Venezuela realmente cristaliza con el petróleo.

—Con la nueva economía también entra la modernidad.

—En el país ni siquiera sabemos diferenciar la sociedad del Estado, mientras que en las naciones modernas la sociedad es una cosa y el Estado otra, una estructura donde se cristalizan fuerzas muy diversas, nosotros tenemos problemas, incluso, para diferenciar lo público de lo privado. Por eso Chávez trata lo público como si fuera suyo, igual que hicieron los adecos.

—¿Se refiere a un manejo discrecional de los fondos públicos?

—En las investigaciones sobre el antiguo régimen en Europa se estudia el momento en que comienza a diferenciarse el dinero de la Corona del de la familia real. Cuando no hay separación entre el dinero del monarca y el del pueblo, se evidencia la incapacidad de una sociedad para crear un Estado y para tomar distancia de este.

—¿Qué va primero: asumir la separación de Estado y ciudadanía o asumir que el uso del dinero no es discrecional?

—Tenemos un siglo tratando de entender eso para superar la economía rentista petrolera y no lo hemos logrados. Mientras haya rentismo es difícil no caer siempre en el mismo hueco. Si hubiese sectores productivos que no dependieran del Estado y

pudieran tener con este una interrelación en términos de poder
para ejercer presión, el Estado tendría que responder. En esa
estructura es el ciudadano quien mantiene al Estado (a través de
los impuestos y de otros mecanismos) y al presidente y no viceversa, en una sociedad donde el gobierno y el presidente mantienen a la sociedad. Aquí, sin embargo, Chávez está usando los
dineros públicos que son producto del petróleo.

**—¿Esto quiere decir que fracasó el proyecto moderno
en Venezuela?**

—Bueno, la modernización del siglo XX no fue del todo
un fracaso. Si comparas la sociedad venezolana del siglo XX con
la del XIX, verás que aquella pudo hacer una de las infraestructuras más avanzadas de América Latina, garantizó el acceso a la
educación pública y concretó la conversión de los modelos institucionales. Pero en las décadas de los años ochenta y noventa
sufrimos una involución. Y esa es la misma crisis que estamos
viviendo en estos momentos. Los venezolanos no hemos supera-
do el Viernes Negro. Intentamos dejarlo atrás con el gobierno de
Hugo Chávez, con la propuesta de la democracia participativa y
pareció que lo íbamos a lograr, pero con la entrada del Socialismo del siglo XXI se hizo naufragar esa posibilidad.

**—Antes de conversar sobre el Socialismo del siglo XXI,
quisiera hablar sobre el autoproclamado logro de la Revolución Bolivariana: la inclusión. ¿Qué sentido tiene en este
momento hablar de inclusión social?**

—La inclusión social ocurre en Venezuela desde el siglo XIX.
Cuando los andinos llegaron al poder[1] hubo inclusión social,
pues este grupo se incorporó a la nación. Además tuvieron la

---

1 Se refiere a Cipriano Castro (1858-1924) y Juan Vicente Gómez (1857-1935) quienes, a principios
de 1899, organizaron la Revolución Liberal Restauradora, que llevó a Castro a la Presidencia de la
República desde ese año hasta 1908, cuando Gómez le dio un golpe de Estado. Por su parte, Gómez
se mantuvo en el poder hasta 1935 y fue durante su gobierno cuando se hallaron los primeros pozos
petroleros en el país y las compañías extranjeras comenzaron a procesar la nueva riqueza nacional.

fortuna de que entonces se descubriera el petróleo. Así, la sociedad venezolana se amplió hacia otros sectores que antes habían estado excluidos de la ciudadanía. Posteriormente, ocurrió otra ampliación muy importante: la de sectores urbanos y medios que quedaron incluidos en la sociedad. Con el chavismo sucedió una nueva ampliación a otros sectores que no habían sido incluidos en los anteriores procesos, como los empobrecidos y las regiones rezagadas. En el chavismo ha habido una importante movilización social, pues hay gente que ha venido de abajo y que ha entrado en la clase media. Pero, a diferencia de los tiempos de la democracia representativa, a partir del Socialismo del siglo XXI la idea no es incluir a todos. No es como el discurso de la democracia representativa de años anteriores, que privilegiaba los beneficios para todos; ahora los beneficios son para las mayorías que siguen a Chávez y no se pretende ser incluyente en ese sentido. Ahora cada vez más el discurso de la inclusión la identifica con el consumo. No se refiere, por ejemplo, a otorgar educación de calidad o un empleo que provoque el ascenso de una persona, sino a lo material que pueda ofrecerse. Es una inclusión, en el fondo, falsa. No es que antes no hubo consumismo; por ser un país petrolero, siempre hemos tenido un consumo por encima de nuestras necesidades, pero la forma de inclusión que se propone ahora es frágil porque no funciona desde la educación o el empleo. A mí me llama la atención, por ejemplo, que cuando uno iba al principio a Mercal veía a las señoras de clase popular comprando salmón. Ellas querían tener acceso a ese pescado caro, igual que las familias de la clase media y alta. ¿Pero para qué? La gente siente que está incluida y que es moderna por tener acceso al consumo, pero ¿qué tipo de oportunidad es esa? Es superficial y *sui generis*. Nos lleva a preguntarnos qué tipo de ciudadanía es esa. Todo lo pensamos desde el reparto de la renta petrolera: no aceptamos que nadie coja de más de ahí, porque eso nos indigna, pero del resto estamos felices. Si nos reparten, puede haber

Socialismo del siglo XXI, fascismo o cualquier cosa. Esto es un pensamiento mágico[2].

–En el segundo gobierno de Chávez, la gran promesa es el Socialismo del siglo XXI. ¿Qué ha significado el uso de este eslogan?

–El Socialismo del siglo XXI es una propuesta personal de Chávez, que incluye la concentración de poder y la fortaleza de su liderazgo. Cuando salió de la confrontación política que tuvo durante su primer gobierno, el presidente sintió que ya no tenía obstáculos para incrementar su más cara fantasía. Era el sueño de un adolescente: un futuro donde todos seremos felices y comeremos perdices a través del Socialismo del siglo XXI. Primero dijo que los principios de ese modelo eran la solidaridad, la fraternidad, el amor y la justicia, pero a medida que pasa el tiempo y esto se va concretando entró el patrón que vivimos ahora: el predominio militar, además de un Estado vertical y autoritario. Esto es muy distinto a la primera época del chavismo. Pero luego dijo: «El Estado soy Yo». En este país hay un proyecto fundamental que es la Constitución Nacional y otro sostenido por el dinero del presidente, así como por su habilidad política para repartirlo en los momentos en que necesita legitimar su liderazgo. Ahora está en eso: regalando a manos llenas y endeudándose, incluso, porque la renta está colapsando de nuevo. Y ahora piensa llevarnos al socialismo, que considera la verdadera civilización para salir de la barbarie del capitalismo al que, según dice, nos llevó a la democracia occidental. De nuevo: esto es un pensamiento mágico.

---

2 Cuando se refiere al «pensamiento mágico» o al «Estado mágico», López Maya alude al libro de Fernando Coronil, *El Estado mágico,* en el que señala que el petróleo creó en Venezuela la ilusión de un milagro y la riqueza venida de ese hidrocarburo tuvo la fuerza de un mito. Coronil, F. (1997). *The Magical State.* Chicago: University of Chicago Press. Más información sobre esto en la entrevista con Carmen Hernández.

–¿**El llamado «poder popular» en los postulados del Socialismo del siglo XXI es también un rasgo populista?**

–Para un trabajo de investigación estuve revisando la frecuencia de aparición de esos términos en los documentos legales de las últimas décadas en Venezuela. «Poder popular» no aparece ni en la Constitución de 1999 ni en las leyes ni en el discurso del presidente; ni siquiera en entrevistas hasta el año 2006, cuando gana las elecciones y empieza a ser parte del léxico oficial.

–¿**Es decir que el «poder popular» sustituye a la democracia participativa y la inclusión?**

–Sí, porque la base conceptual de la democracia participativa no venía del marxismo-leninismo; venía de la Iglesia católica, del pensamiento social de la Iglesia.

–¿**De la teología de la liberación?**

–Sí, de Paulo Freire[3]. La base conceptual de la democracia participativa es diferente a la del Socialismo del siglo XXI y esto se debe a que hubo un cambio dentro del chavismo. En la Constitución del año 1999 la correlación de fuerzas chavistas implicaba responder las demandas que la sociedad hizo de las décadas de los años ochenta y noventa ante la Comisión Presidencial para la Reforma del Estado (Copre) y en la Comisión del Congreso Nacional para la reforma constitucional. El artículo de la participación está en el proyecto de Rafael Caldera del año 1991 y en el de la descentralización y ambos pasan intactos a la Constitución de 1999. La frase «poder popular» data de la épo-

---

3 Paulo Freire (1921-1997) fue un filósofo brasilero identificado con la teoría de la pedagogía, porque su libro *La pedagogía del oprimido* es un fundamento de esta filosofía que buscaba educar a quienes viven en los márgenes de la sociedad para lograr su propia autonomía. Freire, P. (2006). *Pedagogía de la Indignación* (2.ª ed.). (P. Manzano, Trad.) Madrid: Ediciones Morata. Los postulados defendidos por el pensamiento de Freire y sus seguidores se asocian con la teología de la liberación, un movimiento político en el seno de la Iglesia católica latinoamericana que propone acciones para los feligreses en un continente oprimido. En 1984 el Vaticano reprendió a los sacerdotes involucrados con esta forma de pensar, por considerar que los orígenes marxistas del movimiento eran incompatibles con el Evangelio.

ca del Movimiento de Izquierda Revolucionario (MIR)[4], pero
en el chavismo comienza a usarse después del golpe de Estado
de 2002.

–¿Y qué significa en ese contexto «poder popular»?

–La formación filosófica del gobierno es diferente ahora a
lo que fue en 1999, cuando se redactó la Constitución. El poder
popular, tal como se enuncia ahora, significa el poder como el
de los sóviets, y es el de las comunas. Viene de los sectores que
prefieren la democracia directa y desprecian a la representativa.
Eso no está en la Constitución de 1999, que une a la democracia
representativa con la directa.

**–¿Qué diferencia hay entre las comunas y los consejos
comunales?**

–Colegas mías que trabajan con consejos comunales me
cuentan que así como estos organismos tuvieron éxito, las comunas
no van a ningún lado, porque con estas pierde vigencia el empoderamiento que estaba en las organizaciones participativas y el
presidente es el que direccionaría ahora la participación. Es decir,
la comuna se va a convertir en una labor del Estado para bajar

---

4 El MIR nació en abril de 1960 de la escisión de Acción Democrática. Esa fue la primera división
en la historia de AD y fue promovida por los miembros más jóvenes del partido, quienes habían
quedado infatuados con la visita de Fidel Castro a Venezuela para conmemorar, en enero de 1959,
el aniversario de la caída de Marcos Pérez Jiménez. En mayo de 1962 el entonces presidente de la
República, Rómulo Betancourt (1960-1965), inhabilitó al MIR y al Partido Comunista de Venezuela
(PCV), lo cual marcó el inicio de la lucha armada guerrillera. «El Partido Comunista y el MIR, con
la confesa ayuda del gobierno cubano, deciden lanzarse a la insurrección armada. Provocan desór-
denes callejeros desde noviembre de 1961 y luego, acciones espectaculares de intención terrorista;
y a la vez entrenan y arman a los primeros grupos guerrilleros». Caballero, M. (2010). *Historia de
los venezolanos en el siglo XX*. Caracas: Editorial Alfa, p. 215. En 1968 comienzan las controversias
en el seno del MIR por lo infértil que resultó ser la guerrilla y el partido se divide en tres grupos.
Un grupo fueron los dirigentes del MIR que siguieron a Domingo Alberto Rangel. Renegaron de
la violencia armada y apoyaron en las elecciones presidenciales a los candidatos del Movimiento al
Socialismo (MAS), José Vicente Rangel y Teodoro Petkoff. Otro grupo fue el de Carlos Betancourt
y Gabriel Puerta Aponte, fundadores de Bandera Roja en 1970, con tendencia de guerrilla rural. El
tercero, liderado por Jorge Rodríguez y Julio Escalona inician la lucha guerrillera urbana combinada
con medios legales.
En 1982 el MIR se fusionó con el MAS.

los recursos y la gente solucionará problemas de gestión y comunitarios, pero esto no tiene nada que ver con la inclusión en una ciudadanía con derecho a tomar decisiones. Ahora se trata de tener dinero para resolver los problemas de gestión. Se trata de instrumentos del gobierno para la movilización y la gestión.

—Esto lleva a pensar que el discurso de la izquierda y de la guerrilla de la década de los años sesenta marca aún la discusión sobre la nación. ¿A qué se debe esto?

—En aquella década ocurrieron muchas cosas. La idea que ha quedado en el chavismo es que la guerrilla, aunque derrotada en los años sesenta, tenía un proyecto de país y una visión de la burguesía y el capitalismo. Hubo parte importante de gente de izquierda que entró a debatir sobre la derrota y se abrió una brecha entre quienes reconocieron el camino violento de la guerrilla como un error y los demás. Así, el Partido Comunista se dividió con el Movimiento al Socialismo (MAS) y luego con la Causa Radical, que hacen un intenso debate ideológico y que van a abrazar distintas modalidades democráticas del socialismo[5]. Fueron estos grupos los que comenzaron a preguntarse qué era la democracia y a promover la descentralización. Por eso ganaron las alcaldías en la década de los años noventa y comenzaron a crear modalidades de participación como mesas técnicas y asambleas de ciudadanos. Clemente Scotto, el primer alcalde que tuvo la Causa R en Puerto Ordaz, fue uno de los pioneros en modalidades de participación; él inventó implementar la parroquialización del municipio y las mesas técnicas para solucionar los problemas de la comunidad. Lo mismo hizo Aristóbulo Istúriz en Libertador.

---

5 Como partido, el MAS se considera de corriente socialdemócrata y fue una división del PCV en 1971 causada por los conflictos en torno a la posición frente a la Unión Soviética y al «eurocomunismo». Representa una línea no dogmática y uno de los partidos más fuertes de la «nueva izquierda» latinoamericana. Los fundadores del MAS marcaron diferencias con la línea dura del PCV y la guerrilla y abandonaron el marxismo. En la primera elección presidencial en la que participaron apoyaron a José Vicente Rangel. Movimiento al Socialismo. (n.d.). *Página web del MAS*. Tomado el 4 de agosto de 2012 de Historia: http://www.masvenezuela.com.ve/historia/

Esas ideas entran a la Constitución de 1999: el derecho de los venezolanos a participar en el diseño de las políticas públicas y de las distintas formas de participación ciudadana. Eso fue un aporte práctico, más que teórico, de la izquierda socialista democrática. Ahora, también hubo un aporte teórico. La discusión de la izquierda en la década de los años setenta es crucial porque termina aceptando que la democracia es el fin del autoritarismo. Esta discusión se abre en Europa y aquí también a través de intelectuales de primera como Alfredo Maneiro y Moisés Moleiro. Allí nace el socialismo democrático que señalaba que no venían del capitalismo burgués las modalidades liberales conquistadas por la humanidad, como el sufragio universal y secreto, pues este se lo habían arrancado las sociedades europeas al capitalismo que funcionaba con monarquías o dictaduras que están lejos de esas conquistas sociales. Así desmostraron que la izquierda ha tenido una influencia importante hasta hoy en la cultura política, en la participación, en la formación de cooperativas. Las discusiones alrededor de estos temas desaparecieron con la bonanza petrolera y cuando vino la crisis volvieron a ponerse sobre el tapete.

–Da la impresión de que son proyectos muy cortos.

–Exactamente. Esto tiene que ver con la posición rentista de los gobiernos. Ese pensamiento mágico no deja que las cosas cuajen. Por ejemplo, la descentralización comienza en 1989 y en 2000 ya Chávez estaba desmantelándola porque asumió que no servía.

–¿Cómo se revierte este Estado mágico?

–A muy largo plazo: con instituciones y un aparato administrativo.

–¿Cree que los venezolanos aprendieron algo de la Revolución Bolivariana?

–Me cuesta mucho responder esa pregunta porque siento que estamos en un momento de exacerbación de la postura rentista. Cuando me preguntan cuál es el legado que va a dejar Chávez, creo que será la centralidad del ser humano y sobre todo del venezolano pobre dentro del orden político. Eso es importante. Me refiero a la necesidad de darle prioridad a la inclusión, que sin duda se obvió desde la década de los años ochenta con el neoliberalismo, que alteró el sentido común y proclamó que todo lo que importaba era el crecimiento económico. Creo que en la actualidad nadie se atrevería a decir que las prioridades no son la inclusión o la justicia social. Otro aporte del chavismo, quizá, sería la politización de la sociedad. Me parece, sin embargo, que esta politización es frívola e irresponsable. Hemos vivido una actitud política orientada por la polarización y no por el diálogo, así que me cuesta ver cuál es el beneficio de eso para la sociedad. No hay país que pueda avanzar si está dividido en dos partes que no se hablan y una de las que está excluida son los sectores medios profesionales.

—Así como en el pasado fueron importantes ciertos hitos históricos, la caída de Pérez Jiménez, por ejemplo, el hallazgo del petróleo, ¿cree que en la Revolución Bolivariana se vivieron hitos históricos que definan el perfil del venezolano en el futuro?

—Creo que el lapso entre el año 2001 y el 2004, es decir: el tiempo que va desde el golpe de Estado hasta el referéndum revocatorio puede haber marcado a una generación. Eso de las marchas y las contramarchas nos marcó, porque agudizó la polarización y redefinió nuestra manera de entender la política, de ver al otro y de pensar al país.

—En comparación con los anteriores, los medios de comunicación han tenido importancia capital durante este gobierno, tanto los privados como los oficiales y los alternativos. ¿Cómo han perfilado estos medios la dinámica política?

—Como protagonistas. Pero también han privilegiado una postura antipolítica muy fuerte. La política es el arte del diálogo. Se trata de escuchar y de negociar entre mis intereses y los tuyos y privilegia la habilidad que uno pueda tener para quedar mejor posicionado desde la negociación. La antipolítica no te deja dialogar ni llegar a acuerdos y deteriora la democracia. Los medios han sido protagonistas importantes porque han impulsado esa polarización. Tanto los medios como la oposición jugaron a la polarización en el primer gobierno de Hugo Chávez, pero perdieron y no quieren seguir jugando a eso porque allí ganaba Chávez. Hoy en día, sin embargo, la polarización es un instrumento del gobierno y de sus medios, pues a través de eso Chávez mantiene protagonismo y crea un sentido de totalitarismo. Los medios privados han dejado de ser protagonistas porque los partidos políticos han logrado ser reconocidos como actores importantes para derrotar al presidente.

–**¿Cree que se pueda hablar de un sentimiento de pertenencia en una sociedad tan escindida como esta?**

–La pertenencia ocurre desde la renta petrolera. Nosotros vamos a seguir teniendo sentimiento de pertenencia mientras nos ligue ese elemento.

–**Un artículo en *El Nacional* de julio del año 2008, cuando proliferaban las huelgas de hambre en el país, señala que usted es «pionera del estudio de las protestas populares»[6]. ¿Qué dice la proliferación de este tipo de protesta en el país?**

–La protesta de calle es típica de las ciudades de América Latina y tiene que ver con el vacío institucional. El objeto de estas es que el Estado atienda las demandas de la sociedad. Antes era posible que te movieras al Ministerio de Transporte, al de Infra-

---

6 Las declaraciones de López Maya al diario señalaban que la población toma estas medidas cuando la gente no cree en las instituciones y cuando ha encontrado en las calles las respuestas que las instituciones políticas no pueden darle: «Mucha gente tiene la impresión de que las protestas se originaron con este Gobierno, y no es cierto. Siempre han sido un buen termómetro para saber cuáles son los malestares de la sociedad». Asuaje, L. (2008, julio 14). Un país que se resuelve en la calle. *El Nacional*, p. 4. En el mismo artículo se ofrecen estadísticas de Provea que señalan que entre 2002 y 2004 no hubo tantas protestas pacíficas como entre 2007 y 2008, pues hasta julio de 2008 se habían registrado 1.521 protestas, un récord para el país.

estructura o al INOS, pero hoy en día todo termina en Miraflores. La protesta siempre ha existido, pero desde la década de los años ochenta para acá se ha redimensionado por la destrucción de la institucionalidad. Pero la democracia no está sujeta a que la gente salga a la calle; al contrario, esta funciona cuando la gente sale solo por una demanda que era desconocida, como salieron los homosexuales en Estados Unidos en la década de los años sesenta, para que se creara un nuevo derecho. Si la gente sale a la calle por asuntos cotidianos significa que no tienen medios para hacerse oír y eso es grave en una democracia.

–Perturban mucho los ribetes trágicos de los grupos que hicieron huelgas de hambre, se crucificaron o se cosieron la boca.

–Eso se debe a que la gente cada vez más tiene que tratar de llegarle a los medios para ver si los atienden. Esto es parte de la debilidad de la sociedad para atender al otro. Porque si la voluntad popular es capaz de movilizar a 500 mil personas para ir allá y exigir cualquier cosa, nadie se cose la boca. Si tienes a 500 mil personas allá afuera tienes que escucharlas. ¿Qué hacen los presos políticos o los encarcelados en el Rodeo I, II, que no tienen poder? Huelgas de sangre, cortándose brazos y piernas y autolesionándose en distintas partes del cuerpo. Los primeros que se crucificaron fueron los jubilados. Ellos están protestando desde la década de los años ochenta. Y si llegan a medidas extremas es porque tienen que ganar, de alguna manera, la atención de los medios de comunicación. A eso se llama protesta confrontacional, porque tienen gran impacto. Producen miedo y rechazo y obligan a que los atiendan.

–¿Cuáles son los problemas culturales o políticos que deben resolverse en la nación cuanto antes?

–Lo más importante es que esta sociedad comience a organizarse, pues está a merced del Estado y del humor de una persona. Debemos crear tejidos que nos permitan exigir de los gobiernos y no estar a merced de su asistencialismo. El problema que tenemos es que el Estado es poderoso y no sabemos qué hacer para balancear su poder.

–¿Hay necesidad de cambiar la Constitución?

–La Constitución es el último pacto social que acordaron los venezolanos; es la última pieza que tenemos que ganó en votaciones populares. Si eso se mueve no nos queda absolutamente nada: la posibilidad de legitimar un orden sin esa arma es casi la fuerza bruta. La Constitución podrá tener sus defectos, como su presidencialismo pronunciado o el nefasto artículo sobre el financiamiento de los partidos políticos y unas perrogativas militares, que pueden cambiarse con una reforma. Pero en nuestra Carta Magna se combinan las instituciones liberales con las nociones de democracia directa, que era lo que pedía la gente desde la década de los años ochenta. Promover otra Constitución sería negativo y puede llevarnos a la violencia desatada. El chavismo quizá la cambie porque no puede seguir funcionando con una Constitución que viola todos los días, pero la oposición que antes la negó hoy la apoya como está consignado en los compromisos de la Mesa de la Unidad. Esto es importante.

EL PAÍS COMO PROYECTO A LARGO PLAZO
ANA TERESA TORRES

> (…) los mitos son distintos de la historia; van por dentro
> de la gente como corrientes subterráneas. Cambiar
> de gobierno no es cambiar de mitos.

Ana Teresa Torres es psicóloga, narradora y ensayista. La primera profesión nutre a las otras dos en una simbiosis creativa que dota a sus escritos de profundidad analítica y les permite tocar las fibras íntimas de cada individuo o desenmarañar los nudos inconscientes de su comunidad.

Su primera novela, publicada en 1990, fue *El exilio del tiempo* y con ella ganó el Premio de Narrativa del Consejo Nacional de la Cultura y el Premio Municipal de Narrativa. El último galardón se le confirió de nuevo, casi una década después, por *Los últimos espectadores del acorazado Potemkin*. Cuando publicó *Doña Inés contra el olvido*, en 1992, ganó el Premio de Novela de la primera edición de la Bienal Mariano Picón Salas y el Premio Pegasus. Otras novelas de esta autora, quien también es miembro de la Academia Venezolana de la Lengua, son *El corazón del otro* (2005), *Nocturama* (2006) y *La fascinación de la víctima* (2008).

Entre sus ensayos destacan *A beneficio de inventario* (2000) y el estudio *El hilo de la voz. Antología crítica de escritoras venezolanas del siglo XX* (2003), ambos libros de crítica literaria. Sin embargo, la obra en este género que más popularidad le ha granjeado, debido a lo pertinente del análisis que plantea para la lectura actual del país, es *La herencia de la tribu. Del mito de la Independencia a la Revolución Bolivariana* (2009), donde explica que la filiación de los venezolanos con Simón Bolívar, quien no en balde es considerado el Padre de la Patria, los condena al destino anacrónico de construir y reconstruir la patria que aquel soñó y que se mantiene como una utopía en el imaginario nacional.

El libro, que fue finalista del Premio de Ensayo Debate-Casa de América, señala que como en la psique del país está afianzada la idea de que la Independencia fue el gran momento de la historia, pretérito e irrepetible, los venezolanos están condenados a una encrucijada melancólica en la cual la patria no progresará hasta que un heredero de Bolívar restituya la magnificencia perdida. Estos síntomas permiten a la psicóloga diagnosticar a la sociedad venezolana como un caso de lo que Sigmund Freud llamaba «duelo irresoluto». Analiza también cómo, capitalizando esta idea, la Revolución Bolivariana hace de la restauración de la vieja gloria su propuesta fundamental para el futuro.

Pero el ensayo de Torres no solo aborda la trascendencia del pasado mítico en el presente, sino que se refiere a la construcción imaginaria de este, estableciendo relaciones con otros mitos que sustentan la venezolanidad, como la del Padre de la Patria y la del «bravo pueblo», especie de grey de una religión nacional en la que el dios es Bolívar. Este es uno de los mayores obstáculos para el fortalecimiento de las instituciones en el país. Frente a esta mentalidad anclada en el pasado bélico, Torres enfatiza que la patria es una construcción social y que el fundamentalismo heroico en el imaginario venezolano va en detrimento de la fortaleza de sus instituciones democráticas, porque supone la primacía de las historias individuales, heroicas y momentáneas, sobre las colectivas, comunitarias y, por supuesto, duraderas.

Uno de los valores capitales del libro es demostrar que la Revolución Bolivariana, como discurso cultural, se fundamenta en valores cruciales para la identidad nacional, perfilada por la nostalgia de la Independencia. «El pensamiento bolivariano como filosofía política, como origen y destino de la patria es una suerte sellada. Un horizonte melancólico que nos obliga a dar testimonio del mártir de la independencia como el creyente de su fe», escribe en *La herencia de la tribu* (p. 13). Como para los mismos venezolanos es difícil pensar a su país fuera de la imagen de Bolívar, un heredero (real o autoproclamado) de su gloria representaría sus valores. Entonces, también estaría llamado a dirigir los destinos de la patria.

Por su investigación de este mito de la identidad venezolana, por conocer la psique colectiva y por exponerla en sus novelas, pero principalmente por conocer bien el papel que tienen los intelectuales en las crisis de sus sociedades, Torres es una especialista crucial para la discusión sobre el perfil del venezolano contemporáneo.

–En *Los últimos espectadores del acorazado Potemkin* (1999) dos personajes exploran la relación entre el caudillismo del siglo XIX y la guerrilla de izquierdas del XX. La novela es, en aspectos distintos al ensayo *La herencia de la tribu,* también una reconstrucción del perfil nacional del héroe relacionado con la ideología y las luchas de la izquierda en el país durante las décadas de los años sesenta y setenta. Vista la preeminencia del culto al héroe en el imaginario nacional, ¿qué papel desempeña la imaginería del guerrillero en el discurso cultural de la nación?

–Hay una línea que empalma los alzamientos del siglo XIX con la guerrilla: el imaginario del héroe, del «alzao». Distinto a los movimientos del siglo XIX, el insurgente de las décadas de los años sesenta y setenta tuvo argumentos que estaban sólidamente basados en el marxismo y un pensamiento establecido. Pero la perspectiva en esta discusión no tiene que ver con la ideología, sino con que nuestro imaginario popular asume el alzamiento como una manera «de resolver la patria»[1], es decir, que no siente la necesidad de contar con instituciones ni contempla la reformulación del país de acuerdo con las instituciones que tiene o que necesita tener. El

---

1 Las comillas son de Torres.

pensamiento de las revoluciones es simple: «Tomemos el poder directamente y luego se hará lo que haya que hacerse».

–Claro, pero me refería a la relación de esto con la cultura.

–El discurso cultural de la nación ha exaltado lo heroico y esto va más allá de discursos políticos específicos o de ideologías. De todas maneras, la guerrilla era un evento político importante, pero un grupo minoritario.

–Pero muchos de sus seguidores pertenecían a los sectores intelectuales.

–Sí, en su mayoría: la clase media ilustrada.

–¿Por eso fue que esas luchas marcaron tanto la literatura venezolana de las décadas de los años sesenta y setenta?

–Esto se inserta dentro de un contexto más amplio, que incluye el tremendo impacto de la Revolución cubana en Venezuela y los movimientos revolucionarios posteriores al Mayo francés. Era una época contestataria en general. La izquierda, dentro y fuera del país, siempre tuvo una gran presencia cultural.

–En una entrevista con Tal Levy (2010) dijo que el trayecto de la narrativa describe las transformaciones y los problemas de la sociedad venezolana a través del tiempo. Señaló también que la literatura no necesita vincularse a la sociedad, sino al contrario. ¿Qué dice la narrativa de las preocupaciones de los venezolanos en la actualidad?

–La literatura y la narrativa siempre han estado en contacto con el drama social. Lo puedes ver en la literatura del gomecismo o en aquella del perezjimenismo. En la novela *Si yo fuera Pedro Infante* de Eduardo Liendo, por ejemplo, un personaje tiene la fantasía de ser Ezequiel Zamora y recorre el país redimiendo a los pobres. Eso me llamó la atención cuando la leí en 1989 porque entonces se trataba de un prócer del que nadie se acordaba salvo en un texto escolar. A la luz de lo que ocurrió después en el país, podría parecer que Liendo era capaz de leer el futuro. Pero no era así; más bien estaba percibiendo la nostalgia del héroe, como hace un escritor inmerso en el drama social del país.

–También se refería usted en la misma entrevista a que la sociedad no utiliza la literatura como ensayo de sus propios problemas.

–Los venezolanos no han leído con cuidado las señales que están en su literatura. Ahora más bien buscan los libros de historia, ensayos sociales o políticos, sin percatarse de que hay muchos cambios reflejados en los libros de ficción. La cuestión es que el lector quiera encontrarlos.

–¿Así ocurre en su propia narrativa?

–Uno no se propone esas cosas, pero a veces pasan. En mi novela *Vagas desapariciones* hay muchas claves políticas, pero no lo hice conscientemente; salían en la escritura. Por ejemplo: uno de los protagonistas, un muchacho que vive en un barrio, discute con un intelectual a quien los militares le producen fascinación. No sé por qué escribí eso, pero visto lo que pasa ahora, creo que tenía razón. *Los últimos espectadores del Acorazado Potemkin* es diferente, porque estaba pensando en el cierre de estos mitos de las guerrillas en América Latina. Pero, al parecer, no eran los últimos; quizá eran los penúltimos. Allí la clave es ambigua, porque yo estaba haciendo un relato de algo que pensé que habíamos dejado atrás. Pero creo que sí pudieras decir que existe una clave en la admiración del guerrillero por los hombres que vivieron las luchas del siglo XIX. Esto nos lleva a uno de los temas de las preguntas anteriores donde discutimos sobre si había vinculación entre la lucha marxista con el imaginario de la Independencia. Allí había una clave, pero yo no pensé en eso: era lo que el personaje tenía adentro.

–Parece una percepción generalizada hoy que la década de los años noventa fue dura para los intelectuales nacionales, especialmente para los escritores, porque era muy difícil publicar. ¿Cómo afectó esto al pensamiento de la época?

–Con respecto a la crisis editorial, creo que esta tiene que ver con la falta de editoriales independientes, porque aunque había sellos alternativos (como Pequeña Venecia, Memorias de Altagracia, La Liebre Libre y Eclepsidra, por ejemplo), a muchos los subsidiaba el Estado. Pero en lo referente a la producción de pensamiento hay una escisión interesante. En las dos décadas anteriores, los setenta y los ochenta, cada quien estaba enfocado en escribir sus libros, pero en los noventa hubo un momento político que dividió a los intelectuales. Me refiero al 4 de febrero de 1992. Unos estaban en contra del golpe y otros lo apoyaban –con el cuidado que esas cosas siempre traen, claro. Pero no se hablaba entonces de derecha o izquierda, como se hace ahora–. Por ejemplo, Arturo Uslar Pietri, a quien creo que nadie puede tachar de ser izquierdista, fue proclive a destituir a Carlos Andrés Pérez, que era un presidente legítimo. Aquella situación produjo un gran desconcierto en una sociedad que tenía 40 años viviendo de una manera y un buen día amanece con un golpe.

–¿**Cree que la Revolución Bolivariana reestructuró el perfil de los venezolanos?**

–No tengo la convicción de que se haya reestructurado; en todo caso pudiera pensar que se han producido cambios en las expectativas sociales y políticas que apuntan hacia un mayor empoderamiento, por parte de los ciudadanos, y a una mayor conciencia acerca de la demanda de respuestas efectivas a los problemas, por parte de los líderes sociales y políticos.

–¿**Qué mitos se mantienen en la psique del venezolano?**

–Los mitos que actúan en la mentalidad social son formas del imaginario que tienen una vida transhistórica y no se modifican por los cambios políticos coyunturales. No quiero decir que sean eternos e inamovibles, pero sin duda requieren más tiempo que los cambios de gobierno. Sin embargo, yo destacaría cuatro mitos recurrentes en esta cultura. El primero es la creencia en un líder mesiánico, salvador y restaurador, que se convierta en el hombre providencial. Relacionado con este es el culto bolivariano y sus derivados, como son la admiración por los militares asumidos como herederos de la gloria de Bolívar. El tercer mito es la creencia de que este país es por siempre inmensamente rico y que la resolución de los problemas pasa por repartir esa riqueza. Y, finalmente, la lectura de la historia como una permanente traición de las élites al pueblo.

–¿Cómo se resuelve la obsesión nacional por el héroe?

–No sé si se puede resolver; en todo caso se puede mitigar con un discurso civilista, institucional, que proponga que las sociedades necesitan transformaciones, pero desde sus posibilidades civiles, ciudadanas y políticas en el sentido literal de la palabra.

–Con relación al eterno refundar la república, ¿cree que la Revolución Bolivariana borró la llamada IV República y creó un nuevo imaginario?

–No creo que haya borrado el pasado democrático; el gobierno intenta hacerlo a través del lenguaje, manipulándolo. Si hubiera acabado con el pasado democrático del país, deberíamos concluir que no hay alternativa política al chavismo, pero sí la hay.

–¿Qué han hecho los intelectuales frente a la nostalgia del héroe y la vocación de refundar eternamente la república?

–Hemos escrito mucho, no solamente libros, y hemos tenido una presencia pública muy superior a la que pudimos tener en la década de los años ochenta o noventa. Cada quien ha expuesto su posición, sus ideas. De eso se trata. Pienso que ha habido una participación muy intensa.

–¿Qué es lo más incómodo de la autoimagen del venezolano?

–No veo que la autoimagen de los venezolanos sea un motivo de incomodidad. Ahora bien, pudiera añadir algunos comentarios sobre el tema de la autoimagen. Para hablar con propiedad del asunto serían necesarios estudios psicosociales recientes; los últimos de los que tengo conocimiento son de la década de los años noventa. La percepción que tengo es que el venezolano se autorrepresenta con valores altos en la afiliación: simpatía, disposición a la celebración, solidaridad –de la que tengo algunas dudas–, gran valoración de la familia –que también habría que considerar–, hábil e ingenioso y optimista. Paralelamente, esta autoimagen esconde una fuerte desvalorización en cuanto a los logros personales y nacionales.

–¿Qué perfil nacional construyen estas ideas de nosotros mismos?

–Una sociedad altamente dependiente de sus gobernantes, y del poder en general, y descreída en cuanto a sus propias capacidades de emprendimiento.

–¿Cómo puede esto activarse alrededor de un sentido de pertenencia nacional?

–No es un imaginario que pueda activarse positivamente, pero afortunadamente hay otras condiciones en la sociedad venezolana que pueden apuntar en ese sentido. Un relato civilista de nuestra historia es necesario, de modo que la pertenencia y el orgullo nacional no tengan como única base la gesta independentista, sino la creación de una república liberal, y la construcción social que los ciudadanos han hecho y siguen haciendo. Una revalorización de los logros de Venezuela que, por una causa o por otra, siempre terminan siendo desestimados en beneficio de las glorias heroicas.

–¿Qué temas de la discusión cultural son urgentes?

–Los temas que se han introducido en los últimos tiempos son, en mi opinión, correctos; lo que es incorrecto es que se hayan planteado en forma excluyente: lo bueno y lo malo, lo que debe ser y lo que no. Partiendo de esas premisas, la discusión no conduce a consensos, y puede hacerse estéril o irrelevante, como creo que ha ocurrido. Puede incluso hacerse violenta, de lo que también hay ejemplos. Entre los más importantes, creo que se pueden definir cinco temas: lo endógeno *versus* lo importado, lo popular versus lo elitesco, el planteamiento étnico, la equidad social y la igualdad de género. En el primero, lo endógeno *versus* lo importado, la discusión se abrió como una imposición en el discurso y en la práctica social de valorar las condiciones culturales nacionales propias sobre cualquiera otra considerada como alienante por ser extranjera. El discurso político, al mismo tiempo que revaloriza lo propio (con lo que puedo estar de acuerdo) sataniza lo importado, descolocando así la discusión en un momento particularmente globalizado como es el que vivimos. Por supuesto, toda esta disyuntiva se puso en la mesa con una finalidad política inaceptable por encima de un fin loable. Es bueno valorar lo propio, pero por debajo de esto hay un mensaje obvio: lo extranjero es lo que viene de Estados Unidos y es malo. Además de que ahora no siempre es fácil distinguir entre lo puramente autóctono y lo importado, y menos en una historia configurada con múltiples emigraciones.

–¿Y con respecto a lo popular y lo elitesco?

–Por suerte, la cultura (y la sociedad) es ancha y ajena, y dentro de ella los individuos pueden elegir sin que esas elecciones sean excluyentes. Si entendemos lo popular como lo que gusta a muchos y elitesco lo que apunta a las minorías, me parece evidente, por poner un ejemplo, que la misma persona puede disfrutar de un filme policial de alta audiencia y de uno de Andrei Tarkovsky. Ahora bien, si se trata de lo popular y lo elitesco como rasgos pertenecientes a distintas clases sociales, el énfasis en lo popular *versus* lo que gusta a las élites (entendiendo por ellas todo lo que huela a clase media), el planteamiento tiene de nuevo un fin político, como es el ataque a la clase media, sus gustos y sus aspiraciones.

–También se refirió al planteamiento étnico, la equidad social y la igualdad de género.

–El primero de esos temas es controvertido. La opinión general se ha basado en el consenso de que Venezuela es un país sin discriminación por motivos étnicos, afirmación que considero incierta. No hay ninguna sociedad en la que las diferencias (étnicas, culturales, lingüísticas, de género, de preferencia sexual, políticas, etc.) no sustenten conflictividades. No hay ninguna razón para que nosotros seamos la excepción. En ese sentido, abrir la discusión sobre las diferencias étnicas de la sociedad venezolana y proponer la valoración de los componentes históricamente discriminados o subvalorados, como son los afroamericanos y los indígenas, es un paso correcto, a mi entender. Lo que deja de serlo es utilizar el tema para atizar las luchas intersociales, y para proponer cuál componente es el que debe primar. Un ejemplo de cómo la valoración de lo indígena se desvirtúa fue el linchamiento de la estatua de Colón en la avenida del mismo nombre de la ciudad de Caracas[2].

–¿Y la igualdad social?

–Este es un planteamiento que sobrepasa la discusión cultural, aunque la incluye. Concuerdo con la idea de que la sociedad venezolana tiene que dar cuenta de las brechas de inequidad que sostiene. Este es un problema de todas las sociedades democráticas, y la solución no pasa por atacar a quienes están en el polo favorecido, sino por trabajar en función de ampliarlo hasta que toda la sociedad disfrute de unas condiciones de equidad que restauren las brechas inaceptables y tienda a la homogeneidad socioeconómica. Y con respecto a las discusiones sobre género y diversidad sexual, que fue el quinto tema que señalé antes, me parece que estos han recibido atención legislativa y mediática, pero siguen siendo asuntos pendientes en la discusión si queremos que Venezuela sea un país en el que se elimine la discriminación subterránea de la mujer, las formas de violencia de género, así como la debilidad legal de la diversidad sexual.

---

2 Se refiere a un suceso acaecido el 12 de octubre de 2004, en el marco del Día de la raza, llamado también Día de la resistencia indígena, cuando un grupo de simpatizantes del presidente Chávez derribó la estatua de Cristóbal Colón que desde hacía medio siglo dominaba la avenida de Caracas que lleva ese mismo nombre. Los restos de bronce fueron luego arrastrados hasta el Teatro Teresa Carreño, donde el presidente pronunciaba un discurso.

—**En cuanto a la literatura, ¿cuáles son más urgentes para resolver?**

—Vivimos una situación bastante favorable: se publica un buen número de libros en diferentes géneros, escriben autores de distintas generaciones, de consagrados a noveles, y todo pareciera indicar que, aunque modestamente, las cifras de lectura han aumentado. Ahora bien, apartándonos de la situación presente, pudieran mencionarse algunos problemas crónicos de la literatura venezolana. El más importante, en mi criterio, es que el aparato editorial privado es muy precario. Son muy pocas las editoriales nacionales que sostienen publicaciones literarias, y las internacionales están sometidas a los vaivenes de sus políticas trasnacionales. Por supuesto que la penuria editorial se relaciona directamente con la penuria de lectores, y en ese sentido correspondería al sector público mejorar los planes de lectura y la promoción del libro. No desconozco los esfuerzos que se han hecho desde el gobierno para incentivar la publicación de autores desconocidos para el gran público, así como de grandes tirajes, pero nada de eso es suficiente si no está acompañado de planes de promoción de la lectura.

—**¿Qué medidas son necesarias para consolidar un aparato cultural institucional que represente un compromiso con las fórmulas de participación?**

—Las medidas y las instituciones son un tema de políticas públicas en el que no tengo mayores conocimientos, de modo que solamente puedo mencionar algunas claves generales. Desde el Estado la mejor fórmula es la descentralización, para que se utilicen los recursos que los municipios y gobernaciones destinan a la construcción del aparato cultural tomando en cuenta las aspiraciones y necesidades de las comunidades, pero sin olvidar la necesidad de un Estado orientador, es decir, un Estado que incluya los diversos intereses y ámbitos culturales para apuntalar una visión incluyente, y desde luego una que no dependa del gobernante de turno, ni de una ideología política. Es decir, que el aparato cultural sea construido con visión de Estado. Hay quienes piensan que en una sociedad democrática la mejor política cultural es no tener una política cultural, pero no comparto la opinión. Doy un ejemplo: la construcción y mantenimiento de bibliotecas públicas es un asunto con visión de Estado. Una comunidad en particular puede rechazar la idea de destinar recursos a ese fin, pero el Estado debe velar por la repartición diversa y la protección de las distintas áreas que pertenecen a la vida cultural de una sociedad. Eso no se puede hacer sin una medida general y compartida como es la definición de las áreas prioritarias, y eso requiere trazar políticas que tengan vocación de permanencia. De modo que defiendo la existencia de un Ministerio de la Cultura que piense en las políticas generales y mantenga un contacto bilateral con las agencias culturales de los municipios y gobernaciones, que a su vez deben ser conductoras de las aspiraciones de las comunidades.

–¿Qué otros temas considera vitales para mejorar la situación de los actores culturales?

–Por la misma vía de lo que venía explicando va el tema de los subsidios. No creo que creadores, promotores y realizadores deban arreglárselas por su cuenta. Esto se corresponde con la visión de que la cultura es un gasto superfluo que debe ser mantenido a raya. Una perspectiva equivocada y contraria a lo que ocurre en los países que han alcanzado niveles mayores de participación democrática. Las acciones culturales son también una inversión que puede ser muy rentable para la ciudad que las promueve. Cualquier acción cultural, así sea mínima, mueve la inversión privada y beneficia a personas que directamente no tienen nada que ver con la acción en sí. Luego está el tema no menos importante de los beneficios sociales de la acción cultural. En primer lugar es una herramienta privilegiada para la construcción de ciudadanía, y tiene efectos también sobre los problemas sociales.

Es conocido que en ciudades como Medellín la reducción de la violencia tuvo mucho que ver con las alcaldías, la creación de bibliotecas públicas, actividades de entretenimiento para jóvenes y, en general, el mejoramiento de la vida al introducir sedes culturales en áreas depauperadas. La discusión sobre los subsidios incluye, por supuesto, a las instituciones privadas. Entiendo que la experiencia de Brasil es muy significativa en cuanto a los beneficios fiscales que se otorgan a empresas que contribuyan con las acciones culturales y que esos beneficios son selectivos. Las empresas son libres de patrocinar lo que quieran, pero a más participación en áreas priorizadas por el Estado, mayor beneficio. Tema aparte son las industrias culturales y de entretenimiento que obedecen al emprendimiento privado y que no requieren medidas ni instituciones del Estado, aunque eventualmente exijan negociaciones sobre las condiciones jurídicas.

—¿**Cree que la última década, caracterizada por la polarización política, dejará huella?**

—Sí, claro. Esto ha sido traumático y produjo heridas y fracturas en el país, las familias y las personas. Por eso me sorprende la felicidad en la que parece vivir la gente cuando hay tantas personas muertas, cuando la violencia te hace pensar todo el tiempo que la próxima víctima del hampa puedes ser tú. Ahora, el hecho de que estos años dejen huella no significa que este proceso ha renovado nuestra visión de la política. Ojalá por lo menos el imaginario heroico se haya resentido un poquito. Pero a lo mejor son cosas mías: los mitos son distintos de la historia, van por dentro de la gente como corrientes subterráneas; cambiar de gobierno no es cambiar de mitos.

—¿**Qué cree que han aprendido los venezolanos de los años de la Revolución Bolivariana?**

—No sé cuál es la respuesta a esa pregunta… Pero puedo decir lo que deberíamos haber aprendido. En primer lugar, que la idea no es buscar un héroe ni un salvador, sino rehacer las instituciones; que no se trata de regalar la plata porque somos ricos,

sino de promover la productividad. Deberíamos haberlo aprendido, pero para saberlo tendremos que esperar un tiempo más.
Es una cuestión de ser un optimista o un pesimista. El primero
diría que sí, que ya estamos preparados, maduros; el pesimista,
que somos igualitos. Prefiero mantenerme en el centro: no puedo
saber si hemos aprendido la lección porque todavía no hemos
presentado el examen. El país es un proyecto a largo plazo.

EL RETO DE LA DESCOLONIZACIÓN CULTURAL
PEDRO CALZADILLA

> (…) a mis colegas historiadores que están en lugares
> distintos de la política yo siempre les digo
> que debemos partir de la idea de que la historia
> se trata de interpretaciones.

El 18 de mayo del año 2011, el presidente Hugo Chávez, a través de su cuenta de Twitter (@chavezcandanga), anunció que Pedro Calzadilla sería el nuevo titular del Ministerio del Poder Popular para la Cultura. Francisco (Farruco) Sesto, quien hasta entonces ocupaba ese cargo, pasó al Ministerio para la Reconstrucción Urbana de Caracas. Hasta ese momento, Calzadilla –quien fue juramentado el 1º de agosto de 2011– se ocupaba del departamento de Fomento de la Economía Cultural, que era uno de tres viceministerios de esa cartera. Los otros dos eran el dedicado al Desarrollo Humano, dirigido por Carmen Bohórquez –también miembro de la Comisión Presidencial del Bicentenario– y el de Identidad y Diversidad Cultural, en el cual Benito Irady estaba –y continúa– a la cabeza.

Calzadilla, quien fue profesor de la Universidad Central de Venezuela y cuenta con una maestría en Historia Latinoamericana de la universidad francesa de Toulouse, es el tercer titular del despacho desde la creación del ministerio el 10 de febrero de 2005.

El primer jefe de la cartera fue Sesto, quien era entonces viceministro de Educación, Cultura y Deporte, cuyo ministerio presidía Aristóbulo Istúriz. Su gestión se encargó de darle forma al organismo recién fundado y comenzó por la reestructuración de la administración cultural pública, en un proceso caracterizado por la concentración de la gestión cultural en el ministerio, restándoles autonomía a las instituciones del área (Delgado Flores, 2008). Al año siguiente de su creación se sustituyeron los logo-tipos y emblemas de 35 entes culturales por una imagen única: un sello que representa a un perro y una rana elaborado por miembros de la etnia Panare, ubicada al noreste de Guayana. Según explicó Sesto en esos días, se seleccionó tal grafismo para que la referencia no pasara de moda: «En esta época, en la que se ha tratado por todos los medios de romper la cultura del feudo, había una cantidad de logotipos que el pueblo no relacionaba con la gestión del Estado» (June y Vásquez, 2006).

Han sido las políticas culturales de Sesto las que más influen-cia han tenido en el desarrollo del ministerio, no solo porque este fue el primero en asumir la gestión, entre los años 2005 y 2008, sino porque repitió entre 2009 y 2011. Uno de los rasgos que marcó su administración y que continúa hasta la fecha es la promoción de programas de aspiración masiva que reivindican lo popular. Entre la primera y la segunda gestión de Sesto le tocó el turno a Héctor Soto, que intentó liberarse de la influencia de su antecesor y removió a algunos de los gestores culturales nom-brados durante ese período por Sesto.

La gestión de Calzadilla comenzó en la segunda mitad del año 2011, con un clima de apertura que rápidamente fue per-cibido por los gestores culturales públicos y privados. A pesar de que la influencia de Sesto en el ministerio es aún palpable, Calzadilla tiene voluntad de revisar los siete años de trabajo del ministerio y ha comenzado por admitir errores en las medidas tomadas por Sesto y Soto. En un artículo publicado el 2 de julio de 2012 en *El Universal*, el historiador reconoció que en el área de las artes plásticas –el sector cultural que tiene más problemas por la pérdida de autonomía y de identidad de los museos– deben revisarse las políticas. Esto parece anunciar la reestructuración de la Fundación Museos Nacionales. «Nosotros podemos ir conso-lidando un modelo que permita que haya una coherencia en las políticas museísticas. Y además restituirles a esas instituciones su capacidad de accionar», dijo (Falcón, 2012a).

En la misma entrevista Calzadilla admitió que aunque estadísticas recientes señalan que los venezolanos parecen leer más que antes[1], en el área de la literatura aún quedan muchas cosas por hacer, como el fortalecimiento de un plan de lectura (pues el del año 2010 no dio los frutos esperados), la flexibilización en la asignación de dólares para la importación de libros y la necesidad de promocionar los autores nacionales en el exterior, para lo que propuso que el Centro Nacional del Libro creara una agencia literaria.

Un raudo arqueo de la prensa oficial, donde se ha reseñado ampliamente su gestión, arroja entre las aspiraciones de su ejercicio ministerial el empeño en lograr un esfuerzo concertado entre organismos nacionales, estadales, municipales y comunales dedicados a la promoción cultural. Otro empeño es convertir a Venezuela en un pueblo lector. Adicionalmente, las declaraciones del ministro señalan la necesidad de «democratizar la memoria» al descorrer «los velos que impiden la visibilización de las mayorías» (ENcontrARTE y Alba Ciudad, 2012).

Calzadilla también fue miembro de la Dirección de Historia de la Asamblea Nacional y de la Comisión Organizadora del Ministerio de la Cultura en el año 2003. Así mismo, estuvo entre los primeros directores del Centro Nacional de Historia y del Consejo de Redacción de la revista *Memorias de Venezuela*. Para esta serie de entrevistas, sus opiniones resultan ineludibles por ser la figura central de las políticas públicas del Estado en materia cultural.

---

1 Un estudio auspiciado por el Centro Nacional del Libro señala que 82,5% de la muestra (que permite hacer estimaciones a escala nacional) lee algún tipo de publicación. Centro Nacional del Libro. (2012, mayo). *Página oficial del Cenal*. Tomado el 22 de julio de 2012 del Estudio del comportamiento del lector, acceso al libro y la lectura en Venezuela en 2012: http://www.cenal.gob.ve/cenal2011/sites/default/files/files/Presentaci%C3%B3n%20comportamiento%20Lector%2015-05-2012final.pdf

–Si la identidad cultural es la proyección del ser histórico de un pueblo, ¿qué define a los venezolanos?

–Creo que la identidad es la vivencia que hace un pueblo de su cultura y de su oportunidad de congregarse alrededor de un conjunto de símbolos, imágenes y valores comunes, más allá de las diferencias políticas, religiosas, étnicas y sociales. Se trata de un conjunto de referentes que te permiten reconocerte en una comunidad espiritual y cultural. En el caso de Venezuela, el proyecto nacional que surge con la Independencia construye la nación a partir de la voluntad de ser una unidad política y luego procede a construir una identidad nacional. Por eso, uno de los retos más grandes que tuvieron las élites del siglo XIX fue conseguirle un correlato cultural al discurso político. Un proyecto de nación requiere los lubricantes de la vida colectiva y esto es lo que elabora la dimensión espiritual de una sociedad. El esfuerzo fue enorme porque la nación venezolana nació alegando contra su referente cultural esencial que fue España. Un proyecto político necesita legitimarse históricamente y quienes construyeron la Independencia contaban con un hiato, pues no querían construir el país sobre lo que consideraban 300 años de oscuridad, pero cuando se fueron más atrás en la historia, es decir, cuando empezaron a buscar un referente que les permita fundar la nación, se encontraron con que en los varios milenios de sociedades indígenas tampoco se reconocen. Por eso tienen que fundar la nación con la epopeya de la Independencia. No tienen nada más.

–¿Esa épica de la independencia no crea una narrativa de la venezolanidad en términos bélicos?

–No creo que sea una invención de los historiadores o los políticos del siglo XIX. La Independencia está allí como rasgo definitorio y esa condición ha marcado el desarrollo de nuestra vida. La Independencia fue la génesis de la nación; luego vienen las reevaluaciones, la construcción de los símbolos, la acentuación de unos hechos y el demérito de otros. La Independencia fue un traumatismo social generalizado que afectó profundamente la vida colectiva en Venezuela, donde adquirió una crudeza y polaridad muy intensa. Entonces la guerra era el espacio de la política.

–¿Cree que la identidad del venezolano se reestructuró a partir de los postulados de la Revolución Bolivariana?

–Tengo la impresión de que nuestra identidad, desde muy antiguo, está fundada en una enorme diversidad. La realidad es que somos una población tremendamente diversa y esa es la gran amenaza que ven las élites. Uno de los aspectos más importantes que se han desarrollado en tiempos de la Revolución Bolivariana ha sido afianzar la idea de esa diversidad cultural; reconocernos como pueblo venezolano dentro de muchas maneras diferentes de vivir y de hacer las cosas.

–¿Se refiere a las élites posteriores a la Independencia?

–La nación de las élites partía de la idea de que la diversidad cultural atentaba contra la unidad nacional. En el siglo XIX, la morfología de una identidad hilvanada a la nación hubo que hacerla imponiendo una visión de la historia y de la cultura. Antonio Guzmán Blanco fue quien le dio forma; él logró la «civilización»[2] de los recuerdos, contra la barbarie de la colonia. La memoria bárbara era dispersa, regional y localista, donde coexistían los recuerdos y los referentes de identidad regionales venidos desde la colonia y eso fue necesario domesticarlo y volverlo nacional. Uso la dicotomía civilización contra barbarie, que es el paradigma de la sensibilidad positivista, la cual reconocía que todo lo que rechazaba la propuesta de modernización era signo de barbarie. Esa memoria bárbara que es dispersa y desigual, a veces incompleta, se civiliza al crear una versión de nuestro pasado y la versión de nuestra identidad que es redondita y sobre la cual no hay dudas. Es aquella mirada promovida por Guzmán Blanco la que termina vertebrando toda nuestra cultura.

---

2 Las comillas son de Calzadilla.

–¿Cuál fue el aporte de la Revolución Bolivariana?

–La Revolución Bolivariana ha sometido a una revisión profunda esa narrativa. Y lo ha hecho desde el poder. Antes cuestionaban esa mentalidad desde las universidades y eso, por lo general, no trasciende adonde debería. En la medida en que esta mirada crítica se hace proyecto nacional, entonces sí se convierte en un tema que repercute sobre todo el colectivo del país. José María Baralt, Francisco González Linares[3] y otros pensadores del siglo XIX tradujeron las batallas políticas a la historiografía, como hacen los intelectuales. Pero quienes realmente difunden los valores centrales de nuestra historia y de nuestra identidad son los caudillos. Ellos mastican ese discurso y lo ponen al servicio del funcionamiento de la vida, de la política.

–En el último lustro, quizá debido a la conmemoración de los bicentenarios, se ha desarrollado un proceso de relectura de la historia. ¿Cuál es la lectura alternativa e inclusiva de la Independencia que ha propuesto la Revolución Bolivariana?

–Parto de la idea de que la historia es un territorio de la interpretación y tiene hechos que tú reconoces y algunos que no se discuten. Por eso, a mis colegas historiadores que están en lugares distintos de la política, yo siempre les digo que debemos partir de la idea de que la historia se trata de interpretaciones, pero que no me digan que yo soy el que manipula y que tengo una ideología y que ellos son puros y no tienen intereses, porque eso es imposible. Todo el mundo tiene su interpretación, sus intereses y su ideología. Si yo parto de esa idea reconozco primero, ese hecho, reconozco otro hecho. Quien escribe desde el siglo XXI y hace historia medieval, lo que dice de la historia medieval habla también de su contemporaneidad. Además, en los proce-

---

3 José María Baralt fue un intelectual afecto al gobierno del general José Antonio Páez. Francisco González Linares fue un pensador español afecto a los realistas a quien Pablo Morillo escogió para negociar los términos del armisticio que se hizo en noviembre de 1820.

sos de transformación profunda de una sociedad, los procesos de cambio conllevan transformaciones culturales y transformaciones en la relación con el pasado. Yo creo que lo que está abierto ahora en Venezuela es un cuestionamiento y una reacción a la mirada previa y que poco a poco irá encontrando los lugares para establecerse. No hay una interpretación. Tú me preguntas: ¿la Revolución Bolivariana tiene una versión de la historia? No. En algún momento dijeron que el Centro Nacional de la Historia (CNH) es el que va a dar la versión oficial de la historia chavista. No. Allí lo que se está propiciando es un debate. Claro que hay algunos preceptos de los cuales se parte.

—¿Por ejemplo?

—No es posible que nosotros dejemos de reconocer e incluir y ampliar los campos de estudio de los sectores sociales que han participado en nuestra historia. Por ejemplo, un grupo de historiadores jóvenes del CNH partieron de la idea de que era impensable imaginar el 19 de abril como un hecho exclusivamente gestado por las élites de la época. Se pusieron a buscar, porque algún «pata en el suelo» tenía que haber hecho algo para que eso se produjera y, bueno, encontraron que las milicias de pardos estaban involucradas con la disidencia y encuentran ese movimiento anónimo; fueron ellos los que detuvieron a Emparan y al intendente Vicente Basadre. Claro que ahora no te voy a decir que el 19 de abril fue un hecho protagonizado por los pardos. Pero sí me parece interesante que se identifique este discurso alternativo, que por supuesto no echa por tierra nada de lo anterior sino que incorpora un elemento nuevo. Son nociones que permiten abrir campos de investigación nuevos, así como poner en duda y cuestionar algunos hechos.

—¿Desde el punto de vista del historiador, cómo interpreta la exhumación de los restos mortales del Libertador?

—Nos guste o no, Bolívar es el nervio espiritual de los venezolanos. Eso no es una invención de Chávez. Tampoco de Guzmán

Blanco, aunque este presidente fue el responsable de la oficialización de su culto, que se va a coser a la institucionalidad y a los símbolos nacionales configurados dentro de la mentalidad positivista. El desarrollo de nuestro proyecto nacional oficializa al Libertador como figura central y lo pone como soporte del proyecto nacional de las élites de todas las etapas gubernamentales del país, desde Juan Vicente Gómez hasta Rafael Caldera, pasando por Eleazar López Contreras. Pero en la memoria colectiva hay dos Bolívar, como dice Germán Carrera Damas en su libro *El culto a Bolívar*. Allí el autor se refiere a dos cultos: el primero es el de las élites, las cuales lo ponen al servicio de la estructura de poder. El otro es uno popular que ha estado, más bien, en la insurgencia contra el poder. Creo que ese último es el Bolívar que está gobernando ahora. Uno puede estar de acuerdo o no con la exhumación y con la investigación que se hizo, pero creo que si estamos en una época de revisión de asuntos y tenemos un desarrollo científico impresionante, que nos permite hacer estudios más profundos sobre un personaje estelar, ¿por qué no hacerlo? Hoy en día tenemos información sobre la modificación de la estatura, conformación física e incluso la posibilidad de reconstruir un rostro a partir de todos esos programas que estudian el cráneo. También estaban los datos tan interesantes que salieron en relación con los huesos de la pierna, que verificaron la idea de una persona que pasó muchos años sobre un caballo. Además, otros datos sobre los zapatos de Bolívar que están en su museo indican que tenía una de las piernas más pequeña que la otra. Son cosas espeluznantes. No creo que sea un regodeo en la muerte, sino una posibilidad de hacer una verificación histórica. No me parece que sea contraproducente para una sociedad. Tú puedes decir: ¿qué hubiera pasado si se verificaba que esos no eran los restos del Libertador? ¿Una crisis de identidad en la sociedad venezolana? No, yo creo que este pueblo tiene madurez suficiente para entender esas cosas.

—Así como en el pasado fueron determinantes para la configuración de la identidad venezolana sucesos históricos como las guerras de independencia, el hallazgo del petróleo o la caída de Marcos Pérez Jiménez, ¿qué hechos de los últimos 15 años determinarán nuestro imaginario nacional?

—La figura histórica de Chávez creo que va a trascender. Fíjate que Juan Domingo Perón sigue siendo una representación concentradora de la sociedad argentina, aun después de tantos años de muerto. Otra cosa que creo que va a quedar es la fuerza que el pueblo ha sentido en estos años de su presencia en la historia.

—¿Cuáles son las políticas (llamémoslas prioridades) del Estado venezolano en la cultura que se impulsan desde este ministerio hacia los gobiernos regionales, municipales y comunales? En otras palabras, ¿qué bases sostienen las políticas del Estado para la cultura?

—La gestión cultural del gobierno bolivariano ha avanzado en la desconcentración de las políticas territoriales. Hoy en día hay una distribución un poco más equitativa de la fuerza y las energías de la política cultural y esto se acompaña de una nueva institucionalidad diversificada y nacionalizada en el sentido en el que se ha hecho nacional.

—En una entrevista con Dubraska Falcón (2012a) para el diario *El Universal* se refiere al problema de los museos nacionales y habla de las medidas que está tomando su gestión para resolverlos. Me gustaría que me clarificara cuáles medidas son estas y qué significa que se le otorgó más libertad a los museos.

—Cuando comenzó la gestión de la revolución, y especialmente la del ministro Sesto, que fue el gran organizador del ministerio recién creado y quien le dio forma al modelo y a las políticas culturales, la institucionalidad más fuerte que había eran los museos, fundamentalmente el Contemporáneo, la Galería de Arte Nacional y el de Bellas Artes. Ellos formaban una

especie de archipiélago de instituciones en los que cada director llevaba adelante una política propia y había poco contacto
entre ellos. Esto creaba dificultades en lo administrativo y para
elaborar una política coherente. Entonces había conservadores
de aquí y allá, restauradores y museógrafos. Hicimos la Fundación Museos Nacionales para tratar de agruparlos a todos como
una gran institución museística que aglutinara y aprovechara los
recursos administrados y centralizara la gestión. Esa política tuvo
algunas cosas positivas, pero se llevó al extremo la centralización
y ello terminó restándoles a los museos su capacidad de acción,
constriñendo su movilidad, su capacidad de generar políticas,
la redacción de catálogos y la elaboración de exposiciones. Esta
reflexión la hemos hecho desde hace un par de años y nos ha
conducido a la necesidad de ir transformando poco a poco ese
mecanismo, sin que este proceso suponga volver al archipiélago
que había antes. Ha ido dando resultados. Nosotros sentimos que
poco a poco los museos han ido retomando su vitalidad.

**–Otra queja dentro del sector tiene que ver con la desa-
parición de la figura de los curadores.**

–Sí, venimos de la figura del curador, el personaje central
alrededor del cual gira el museo. Pero creo que, lleve el nombre
que lleve, hay equipos que tienen que ponerse al frente de un
museo. Una exposición la despliega un equipo, y necesita una
persona que la administre. El debate, más bien, es cómo entendemos la actividad del museo y qué rol tiene dentro de la sociedad.
Allí está el nudo. El tema del mercado de las artes. La relación
del mercado con el museo, el museo como parte de una relación
dinámica con su tiempo, su momento y con la tradición y la
colección que alberga. Una de las cosas que se han hecho estos
años es un esfuerzo por exhibir las colecciones que antes estaban
atesoradas allí, descubrirlas, analizarlas, completarlas. Estamos
pendientes de fortalecer algunas áreas de la colección y adquirir
cosas, pues hay un desbalance en los museos.

–¿Cuál es el estado de la discusión de la Ley de Cultura? ¿Cuándo comenzará a debatirse sobre este instrumento legal?

–Hay acuerdos en que necesitamos una Ley de Cultura, creo que nadie dice que no a eso. Es una necesidad. Pero luego viene la discusión sobre cuál sería el propósito de esa ley. La visión que nosotros tenemos es que esta debería ser un marco, un documento general que estableciera y desarrollara la garantía de los derechos culturales de todos los venezolanos y que de ahí derivaran leyes específicas para cada gestor y de los ramos de la cultura. Ahora, no todo el mundo está de acuerdo con eso. Hay miradas distintas. No digamos entre las personas que apoyan al gobierno y los que no, sino que dentro de los chavistas hay muchos que piensan de manera distinta sobre el tema y lo mismo ocurre con los que se identifican con la oposición. Lo que sí es que hay puntos comunes que pudieran permitirnos una ley que satisfaga a todos.

–¿Cuáles son esos puntos comunes?

–La relación entre los distintos entes del Estado en la materia cultural es fundamental y debería establecerse por ley. Hoy en día tenemos un Estado central que tiene un Ministerio de la Cultura; luego tienes unas gobernaciones y luego unas alcaldías y ahora las comunas. La ley debería darnos la posibilidad de darles racionalidad a esos niveles, así como a las políticas. No para estandarizarlas, sino para encontrar puntos de coherencia. Creo que nadie estaría en desacuerdo en decir que una política del Estado venezolano es que nuestro pueblo lea cada día más. Un Plan Nacional de Lectura debería poder desarrollarse en distintos niveles. Ahora, que si el gobierno es chavista y la gobernación del Zulia es opositora, entonces ellos no van a seguir ese plan… Bueno, puede hacer su estrategia particular o promover a los escritores zulianos en lugar de promover a los demás, pero ¿quién puede estar en contra de una política de Estado de interés nacional que promueva la lectura, más allá de las diferencias? Esto, sin embargo, es imposible ahora, pues no hay ningún marco legal que te permita articular eso ni tampoco hay espacio para concertar estas políticas.

–¿A qué se refiere con «espacio»?

–Me refiero a espacios políticos. Ahora no hay lugares para las discusiones.

–¿Cuáles son los problemas más urgentes para resolver desde el punto de vista de la cultura?

–Hay un gran desafío. Aunque la tarea está incompleta todavía, hemos democratizado el acceso a la cultura, a través de la publicación de muchos libros y del aumento de la producción cinematográfica, entre otras medidas. La cultura se ha expandido; no solo la del Estado, sino que en la sociedad venezolana, en los espacios políticos del chavismo y de la oposición, tiene un desarrollo importante. Es un fenómeno nacional. Esto tiene, por supuesto, que ver con los cambios que han ocurrido últimamente. Ahora, hay algo que no ha ocurrido todavía y me refiero a la transformación y la modificación del sistema de valores de la conducta, comportamiento y las ideas de los venezolanos. Claro que las mentalidades no cambian con facilidad: todavía a finales del siglo XIX nuestro pueblo se comportaba a la manera colonial, en sus prácticas, hábitos y costumbres. Incuso hoy en día hay vestigios de esa mentalidad. Estamos hablando del territorio de la conciencia y de las conductas; eso también es parte de la cultura. ¿Es responsabilidad del Ministerio de la Cultura? Bueno, sí, pero también es responsabilidad de todos. ¿Cómo hacemos para que nuestro pueblo sea cada día menos individualista y que tenga el espíritu colectivo por sobre el egoísmo? Estas son manifestaciones de un sistema de valores que nosotros repudiamos pero del cual somos prisioneros inconscientes.

–Eso trasciende al Ministerio de la Cultura.

–Sí, pero es muy importante el papel que nos toca. Nuestro reto es la descolonización cultural. La impronta de 1492, la llegada del conquistador, y la relación colonial sobre la cual se desarrolla la sociedad venezolana hace que nuestras estructuras de valores tengan el sesgo nacido de esa relación colonial. Descolonizar, tratar de recuperar o encontrar una posibilidad de separarnos de esa impronta colonial, es la tarea para que esto permita dar paso luego al surgimiento de nuevas maneras de ver y de estar. Hoy en día, el pueblo chavista, es decir el pueblo que vota por Chávez y que dice que el socialismo es el modelo y lo apoyan como sistema, es el mismo prisionero del sistema de valores del capitalismo y va a los centros comerciales y se vuelve consumista, aunque igual se moviliza y vota por Chávez. Por eso decía que las mentalidades se transforman a un ritmo distinto que la política.

EXPORTAR LA COSMOVISIÓN NACIONAL
ANTONIO LÓPEZ ORTEGA

(…) es dominante la impronta en nuestros
narradores de personajes trágicos e inacabados.

Antonio López Ortega lleva a cuestas la trayectoria de dos voca-
ciones paralelas y complementarias: la escritura y la gerencia cultural. En literatura, sus trabajos iniciáticos aparecieron publicados
entre 1977 y 1978 en la revista editada por el grupo La Gaveta
Ilustrada[1] y pronto su incursión en las letras habría de consoli-
darse con la publicación de *Larvarios* (1978), *Amar los cuerpos*
y *Cartas de relación* (1982). Con el transcurso de los años, esta
vocación se mantuvo inamovible y se diversificó hacia el ensayo
crítico, género en el que ha publicado *El camino de la alteridad*
(1995) y *Discurso del subsuelo* (2002)[2]. En los últimos 20 años se
ha consolidado como un narrador de peso en la tradición nacional
por obras como la novela *Ajena* (2001) y las colecciones *Fractura
y otros relatos* (2006) e *Indio desnudo* (2008). En 1990 fue parti-
cipante del International Writing Program de la Universidad de
Iowa; cuatro años después fue becario de la Fundación Rocke-
feller y, en 2007, beneficiario de la Beca Guggenheim.

Su itinerario como gerente cultural no es menos impresionante. En 1986, a sus 29 años de edad, López Ortega se convir-

---

1 Un taller de expresión literaria organizado por el poeta Juan Calzadilla en la Universidad Simón
Bolívar fue el antecedente de este grupo al cual perteneció López Ortega junto a Gustavo Guerrero,
Emilio Briceño Ramos, Juan Calzadilla Arreaza, Elvira García, Julia Marina Müller, Miguel Ángel
Piñero, Tomás Richter y Alejandro Vardeli.

2 A estos trabajos de investigación literaria también podría sumárseles su antología del cuento
venezolano *Las voces secretas* (2006) y su colaboración en un compendio más extenso y reciente
titulado *La vasta brevedad* (2010).

tió en jefe del Departamento de Publicaciones de la Fundación para la Cultura y las Artes de la Alcaldía de Caracas, institución conocida como Fundarte. Y aunque duró apenas un año en ese cargo, antes de que terminara la década de los años ochenta también había creado el sello de poesía Pequeña Venecia y había dirigido un programa cultural en la Televisora Nacional llamado *Entrelíneas*. A pesar de que por un breve período fue miembro del consejo directivo del Consejo Nacional de la Cultura (Conac), la experiencia más extensa y la que marcaría su visión de la gestión cultural fue en el sector privado, en la Fundación Bigott, institución donde trabajó más de una década y de la cual llegó a ser director general.

Sobre la intersección entre la literatura y la gestoría en su experiencia, dijo en 1996 a los editores de *Papel Literario*: «Tiendo a creer (…) que la escritura es la esencia y que la gerencia es el accidente. Los oficios varían, son circunstanciales y apelan a las aptitudes. La condición del escritor, en cambio, es inmutable; nace y permanece con uno. De la gerencia quedarán métodos y guías; de la escritura, una visión de mundo en la que nuestros semejantes podrán abrevar en parte la sed de conocimiento con que la vida quiere irle ganando espacios a la muerte» (López Ortega, 1996).

Es esa experiencia bifronte la cantera que mantiene desde mediados de la década de los años noventa su columna en el diario *El Nacional*, en la cual ha sido su preocupación constante la falta de proyección de la literatura venezolana. Como hombre de letras, no ha dudado en condenar la decadencia del pensamiento crítico o en denunciar que políticas públicas erróneas mantienen a los pensadores nacionales fuera de los intercambios culturales mundiales. En 1995 escribió que la clase intelectual venezolana vivía «puertas adentro, aletargada, asistiendo al devenir del país como cualquier espectador circunstancial»[3]. Casi una década

---

3 López Ortega, A. (1995, noviembre 5). «La sociedad no tiene quien la piense». *El Nacional, Cuerpo C*, p. 3. Dos años después, en una entrevista con Rubén Wisotzki vuelve sobre el mismo tema: «El

después seguía obsesionado con el rol del intelectual, entonces declaró a *El Nacional*: «No se trata de que no estén produciendo obras importantes, ni de que no haya ningún pensamiento. Los escritores están escribiendo mucho, los poetas produciendo obras de primerísima importancia, pero perdiendo la capacidad de interlocución con la sociedad y eso es preocupante» (Arenas y Borzacchini, 2002).

Y justamente su visión de los problemas culturales, propia del hombre de letras, así como el conocimiento de la metodología para resolverlos, construida en sus años como gestor cultural, convierten a López Ortega en un convocado importante para estas páginas.

–¿Vivimos una reestructuración de la identidad nacional?

–El concepto identidad es anacrónico en el seno del debate cultural latinoamericano actual. Pudo tener vigencia en la década de los años sesenta, pero ahora son otros los debates de importancia. Parecerse mucho a uno mismo remite a un contrasentido cuando la diversidad, el mestizaje y la interculturalidad son conceptos más en boga. La identidad se ha asociado con culturas que quieren permanecer iguales en el tiempo, sin mutación alguna, y en política se asocia con gobiernos nacionalistas, opresivos, que tienden siempre a culpar a factores externos de sus desmanes o incapacidades. No vivimos una reestructuración sino una regresión. Al menos en la última década, Venezuela ha retrocedido en sentido de ciudadanía y de indicadores sociales. Somos más antiguos que antes y, de alguna manera, le hemos dado la espalda a la modernidad, que veníamos siguiendo a paso sostenido desde 1958. La deuda social que atesoramos peligrosamente, y que constituye hoy en día el más poderoso dispositivo de inmo-

---

país necesita ser descifrado por sus artistas. En este sentido creo que la poesía ha ido un poco más allá de lo que ha ido la narrativa». Wisotzki, R. (1997, octubre 11). Antonio López Ortega: «A favor de una literatura menor». *El Nacional, Cuerpo C*, p. 16.

vilización, no ha experimentado reestructuración alguna. Sigue creciendo como una bomba de tiempo.

–Hablemos mejor, entonces, de cultura. ¿Cuáles son las necesidades en este sentido del venezolano?

–La concepción de que la cultura es una noción que todo lo arropa. No se pueden entender las dinámicas sociales o económicas sin antes entender nuestra cosmovisión cultural, que es como decir nuestra manera de ser y estar en el espacio y en el tiempo. Si tenemos valores como sociedad, eso se debe a la cultura; y si tenemos una visión trágica de la vida, eso también es cultura. En sus estudios, Ángel Rosenblat demostró que 30% de los venezolanismos se deben a actividades de azar o deporte, lo que nos habla de una sociedad amante del juego. Y, por otro lado, los estudios folclóricos nos demuestran que Venezuela tiene uno de los más importantes compendios de «cantos de faena», que describe a una sociedad hacendosa y trabajadora. La tradición y la historia cultural hablan más que mil discursos. Creo que estos han sido años donde se ha proyectado una noción de lo venezolano muy reñida con una senda de conformación nacional que se remonta hasta tiempos de la colonia. En un segundo plano, podemos dejar las concepciones integrales y pasar al tema de las necesidades más coyunturales, que deben ser atendidas por políticas públicas. Pero la historia de nuestra institucionalidad cultural es corta: se inicia en la década de los años cuarenta con la creación de la Dirección de Cultura del Ministerio de Educación y termina con la creación del Ministerio de Cultura en 2003. Creo que en este país se ha hecho mucho, sobre todo en infraestructura cultural, pero la deuda con el futuro es mayor que los logros del pasado.

–¿La idea de «cosmovisión cultural», como sustituta de la noción de identidad nacional, se refiere a una visión dinámica del perfil del venezolano?

–Alude a cómo se percibe a sí misma, en el espacio y en

el tiempo, una determinada población, cultura y comunidad de individuos. Tiene que ver con la palabra alemana *weltanschauung*, o visión de mundo. Permite conocer las culturas y observar qué componentes las determinan. Por ejemplo, la Antigua Grecia le dio más importancia a la tragedia que otras civilizaciones: creían que la psique maduraba en la medida que se reconociera el componente trágico de la vida. No se trata de que eso tengamos que cosecharlo, pero cuando ciertos hechos históricos ocurren, las culturas se transforman: Alemania no es igual desde el nazismo ni Italia después de Benito Mussolini; tampoco la humanidad tras de las glaciaciones ni Japón luego de perder 15.000 habitantes en el terremoto de 2011. La cultura nos dice cómo una comunidad se inclina hacia una cosmovisión. En Venezuela se profundiza en lo colectivo; si llevas esto al plano de la narrativa observas que no hemos profundizado en la subjetividad. Por eso no tenemos muchos personajes memorables.

–¿Y Doña Bárbara?

–Doña Bárbara, por supuesto, es uno de nuestros personajes principales. Pero compárala con personajes de la novelística francesa o la inglesa, pues mucha gente vive en función de los arquetipos creados por esas culturas.

–El psicólogo Áxel Capriles toma un personaje de la tradición literaria nacional para estudiar la identidad del venezolano: Juan Bimba[4], que funciona como una alegoría del pueblo amenazado por el poder del Estado y que busca protección. Esta imagen de la víctima inmadura está enfrentada con la del bravo pueblo, el colectivo en eterna confrontación que es incapaz de aprender de sus errores porque se asume como «chévere». Distinto de los griegos que citaba, al

---

4 El origen de este personaje puede trazarse hasta el año 1928, en la obra *La Juanbimbada* de Andrés Eloy Blanco. Diez años después, halló su primera imagen en la revista *Fantoches* que dirigían Leoncio y Manuel Martínez. Capriles, A. (2011). *Las fantasías de Juan Bimba. Mitos que nos dominan, estereotipos que nos confunden.* Caracas: Taurus Pensamiento.

venezolano no le gusta sufrir y, por eso, no madura. ¿Cómo retrata la literatura esto?

–Coincido con Capriles, cuya tesis viene de Rafael López Pedraza, el psicoterapeuta del siglo XX. Para ambos psicólogos, los venezolanos evadimos el sentido trágico de la vida porque no sabemos cómo convivir con este y nos quedamos en la superficie, comportándonos como niños. La tragedia es necesaria para madurar.

–¿Ha podido la literatura nacional tocar el dolor?

–Sí, porque los narradores observan el alma colectiva. Aunque, precisamente por eso, el lector nacional no se encuentra a gusto con esas narraciones y, nuevamente, las evade, prefiriendo lecturas de recreación.

–¿No es como si existieran dos cosmovisiones: una apegada a la realidad y otra, más superficial pero cotidiana, una cosmovisión ficticia que permite afrontar la tragedia sin profundizar en ella?

–Sí y la segunda es la dominante: una cultura de la superficialidad. Pero eso trae beneficios interesantes. Decía el historiador Manuel Caballero que nuestra cultura no está ganada al conflicto, a la guerra fratricida ni a la violencia. Volviendo a la pregunta, la clase intelectual ha trabajado con una cosmovisión minoritaria, que no tiene problema en narrar desde las propuestas artísticas. Por eso, es dominante la impronta en nuestros narradores de personajes trágicos e inacabados.

–¿Cuál ha sido la influencia de la intelectualidad de izquierda en esa cosmovisión minoritaria?

–Para responder a esa pregunta, vamos a quedarnos en la narrativa y a hacer un poco de historia. En los primeros 60 años del siglo XX el primer referente de los escritores es el país. Eso está presente en las obras de Rómulo Gallegos, que construye una cartografía novelesca paralela a la cartografía política de Venezuela. También se encuentra en las de Mariano Picón Salas,

Rufino Blanco Fombona y Mario Briceño Iragorry. La literatura «comprometida»[5] de la década de los años sesenta, digamos Salvador Garmendia y Adriano González León, entre otros que claramente militaron en la izquierda, siguen tomando la referencia del país, aunque propusieron ideas distintas sobre el mismo tema. En la década de los años setenta ocurre la primera gran ruptura en cuanto a los referentes literarios, pues el país desaparece como noción y los narradores privilegian las historias de los individuos, comienzan a buscar personajes. Julio Miranda[6] hizo una investigación sobre la literatura de la época y se encuentra que el personaje dominante es el insomne. Como un durmiente que camina. Sorprendente. Creo que ahí hay una gran ruptura. Desprenderse del país no es cualquier cosa. Ahí se produce un corte profundo del que estamos viviendo aún los coletazos. Esto fue la verdadera revolución frente a la literatura voluntariamente comprometida de antes que, creyéndose moderna y vanguardista, copió el patrón de Gallegos en cuanto a los referentes. Aunque en los primeros la visión de nación era más geográfica y luego se hizo más política; la obsesión fue siempre el destino del país.

–¿En las obras producidas por la izquierda de hoy en día no ve también una obsesión con el país?

–En la izquierda actual no he visto obras de interés. Creo que esa alianza política y apuesta artística estuvo mucho y mejor presente en la década de los años sesenta, con los grupos artísticos que hubo, con toda la conceptualización teórica que pudo tener la Tabla Redonda o el Techo de la Ballena.

---

5 Las comillas son de López Ortega.

6 Julio Miranda fue un poeta, traductor y crítico literario cubano radicado en Venezuela desde 1968. Sus dos ensayos centrales sobre las letras nacionales se titulan *El gesto de narrar. Antología del cuento venezolano* (1998) y *Proceso a la literatura venezolana* (1975). Es a este tomo al que se refiere López Ortega. (Ver la entrevista con Carlos Noguera en este libro donde también se hace referencia al mismo autor).

–El crítico y narrador Miguel Gomes llama «fábulas del
deterioro» a las novelas recientes de autores como Alberto
Barrera Tyszka, Ana Teresa Torres, Gisela Kozak, Oscar Marcano y Sonia Chocrón, entre otros, que se acercan con una
«estructura del sentimiento», como un conjunto de experiencias sin interpretación intelectual que plasman en una poética
del menoscabo asociado a la imagen de la nación[7].

–Sí, hoy hay elementos claves en la literatura como las
tragedias naturales, las humanas, la urbe, el desarraigo y el exilio. El libro de cuentos *Las guerras íntimas* de Roberto Martínez
Bachrich, por citarte a alguien de las generaciones más jóvenes,
me impresionó por la impronta del paisaje. Pensé que ese tema
ya no despertaba interés, pero el autor recoge allí la tradición de
Gustavo Díaz Solís. También están en boga relatos urbanos, en
sus diferentes aspectos y en sus diferentes derivaciones. Además
de la cuestión trágica y el desarraigo. No se trata ya solo del tema
del país: va más allá. Hay, más bien, una desvinculación de la
historia y del destino colectivo, o de ese sacrosanto concepto de
nación. Las de ahora son aproximaciones más humildes.

**–Sí, pero hay un relato del país, por ejemplo las narra-
ciones de los exiliados y emigrantes que comienza a hacerse
recurrente en las novelas actuales…**

–Sin duda eso nos está marcando. Pero por otro lado, a
pesar de la violencia y las alarmantes cifras de asesinatos anua-

---

7 Gustavo Guerrero, crítico literario venezolano residenciado en París, citó el ensayo de Gomes en
las I Jornadas Internacionales de Literatura de la Universidad Simón Bolívar: «Esta nueva narrativa
se inspiraría, en buena medida, en la vieja tradición de lo abyecto dentro de la narrativa urbana de
Venezuela y reformularía, actualizándolo, el estilo expresionista de Salvador Garmendia. Desde un
punto de vista político, el factor que la caracterizaría, estaría constituido por un doble discurso: por
un parte, encontraríamos 'la desconfianza hacia la retórica mesiánica, heroica, didáctica que domina
la vida pública'; por otra, y como complemento de lo anterior, el deseo de 'un proyecto nacional
que se traduzca antes en diálogo o matizada búsqueda de sentido que en maniqueísmo, división y
contienda'. Su ponencia se publicó en el suplemento cultural de *El Nacional*; la cita se extrajo de
allí: Guerrero, G. (2011, mayo 14). «Narrativa venezolana contemporánea: Problemas, tendencias
y transformaciones del campo literario». *Papel Literario*, pp. 1 y 2.

les en Venezuela, aún no tenemos una literatura policial sólida, porque no ha sido una opción mayoritaria de los autores. Otro referente actual, la fiebre política, esta exasperación y enfrentamiento que hemos vivido en estos años, tampoco tiene reflejo literario fuerte. No se ha escrito aún una novela que pueda hablar de manera trascendente de este período.

–Quizá falten décadas para eso; así pasa con las épocas traumáticas.

–Quizá haga falta más distanciamiento.

–¿Cuáles fueron los grandes cambios en la autoconcepción del venezolano de la última década?

–No veo cambios significativos. Se ha reforzado la cultura rentista, con la consiguiente desvalorización del trabajo y del esfuerzo. Algo preocupante, por ejemplo, es que desde 2008 el capital público es superior al privado, cuando en la mayoría de los países solo representa el 25% de la economía. Esto nos habla del Estado todopoderoso y del individuo sumiso a sus desmanes. Somos ahora menos ciudadanos, pues nuestro comportamiento público es aborrecible: somos descorteses, gritones, violentos y sucios. Hemos perdido nuestra noción de ciudadanía, que en tiempos no tan remotos veníamos añejando. Un concepto tan novedoso como el de capital social se mide hoy por la capacidad que tiene una sociedad de construir acuerdos y consensos. Si nos medimos con esa vara, tenemos aplazada la asignatura.

–¿Qué mitos obstaculizan el progreso?

–El más dañino es creer que provenimos de un procerato y sostener que nos hicimos como nación en guerra, con parto forzado. La cultura heroica no es sana porque el héroe construye su sentido de realidad a través de lo imposible y no desde la vida cotidiana. La tradición heroica es inmovilizante, porque nos habla de que todo lo hicieron ellos, los viejos próceres, y a nosotros ya nada nos queda por hacer. Hay que anteponer a esto otros mitos más sanos: los que están asociados al trabajo, a una visión austera de la vida, a una economía expresiva, a una religiosidad devota. No es gratuito que el araguaney sea un símbolo nacional: florecer en medio del más crudo verano nos habla de la posibilidad de perseverar más allá de todos los obstáculos. Esto nos crea un sentido de limitación. Nos mostramos como personajes truncos, inacabados. Fallamos en la construcción del yo tanto colectiva como individualmente.

—¿Qué asuntos son más urgentes para resolver en el área de la literatura?

—Habría que ver, en primer lugar, la cadena de producción, desde el momento de creación hasta el de difusión y entender los problemas de cada eslabón. Comencemos por la creación: es preocupante que no haya espacios formales para fomentar la escritura, como talleres, concursos e incluso carreras universitarias como hay en Estados Unidos y España. Debemos comenzar por conformar una red de talleres de creación literaria que llegue a todo el país. Estos son importantes porque permiten identificar la inclinación natural de un autor. Otro eslabón es la difusión: hacen falta publicaciones; suplementos en periódicos o revistas. Incluso sueño con la creación de una revista cultural de circulación nacional que refleje la totalidad del país, que se consiga en Caracas, San Fernando de Apure o en Güiria y que la gente la tenga como referencia, y la espere todas las semanas o todos los meses. Sería un esfuerzo del Estado para ofrecer la cartografía artística nacional. Pero ahora vivimos una situación editorial fragmentada, no sabes quiénes están escribiendo en Cumaná o Mérida. ¿Dónde publican? Esto me lleva a otro eslabón: la producción de colecciones editoriales donde los autores comiencen a publicar sus libros; un espacio para que el autor novel vea sus primeras cosas, donde tiene que participar el Estado.

—Algo así es la propuesta del Perro y la Rana: que los desconocidos tengan una oportunidad.

—Creo que allí se deben reforzar los puntos de venta.

—**También son necesarios los mecanismos de valoración y crítica.**

—Claro, si no cómo sabe un autor si su obra es buena o no. Estamos muy indulgentes y aplaudimos todo. La crítica es para la cultura lo que la democracia para la política: es el ejercicio del diálogo; otro opina sobre lo que tú haces y eso tiene el valor de quien recibe; eso sella esa relación entre el emisor y el receptor. Se pueden tener cambios en la situación de la literatura en un breve plazo, si se comienza a atacar en esos tres eslabones: apoyo al creador, construcción de mecanismos de difusión y consolidación de un aparato crítico.

—**Según su experiencia en la gestoría cultural tanto en el ámbito público como en el privado, ¿qué distingue a cada tipo de gestión?**

—La primera gran diferencia es que el gestor cultural público no es independiente; se debe a las estrategias de Estado, que deberían definirse en función de los diagnósticos de las carencias y las necesidades del país. Es como diagnosticar una enfermedad y trabajar en la cura. Pero, además, los lineamientos cambian según los niveles de decisión de las instancias gubernamentales como las políticas elaboradas por el Estado, las regionales o las municipales. En la mayoría de los Estados latinoamericanos se considera que la infraestructura cultural es dependencia exclusiva del gobierno central. Esto se debe a las dimensiones de inversión. Por el otro lado, una política municipal no puede parecerse a una política nacional; las responsabilidades son distintas. Lo malo aquí es que los niveles se confunden. Ojalá Venezuela pudiera avanzar hacia una diferenciación clara de los roles en la política pública en las tres instancias de gobierno (Estado, gobiernos regionales y municipios). Es importante esa diferenciación, porque permite definir claramente los presupuestos. Las políticas públicas culturales deberían involucrarse más con grandes políticas culturales nacionales. Por ejemplo, un ministerio no puede hacer un plan de cultura sin saber qué está pasando en la educación venezolana, o en el Ministerio de Ciencia y Tecnología. No se pueden disociar. Es sorprendente, por ejemplo, que en nuestras políticas actuales no hablemos de la industria cultural, un tema que está discutiéndose en Argentina, Brasil y Chile, entre otros países de la región. Las industrias culturales abarcan lo cinematográfico, lo artesanal, lo editorial y la plástica, entre otros géneros. ¿Cómo no vamos a fomentar esas áreas en cuanto a las políticas públicas? Estamos en pañales. Hay que ver lo que ha significado en Colombia el Instituto Nacional de Artesanía para comercializar las obras de los artesanos y para exponerlas en otros países.

–¿Cómo compararía el aprendizaje de la gestión en la Fundación Bigott y Fundarte, así como la experiencia en la junta directiva de Cultura Chacao?

–En la gestión privada la cosa cambia mucho, porque quien traza las políticas es la empresa que sostiene a la fundación y recibes unos lineamientos de la junta directiva en función de una estrategia. El aprendizaje de la gestión privada, que falla en la pública, es poder guiarte por indicadores de cumplimiento. Si la Fundación Bigott decide hacer, por ejemplo, una Cátedra de Bandola es porque se sabe que este instrumento casi no se interpreta. Eso enciende un alerta y como los lineamientos de esta fundación están en la promoción de la cultura popular te encargas de propiciar que los muchachos empiecen a formarse profesionalmente en ese instrumento musical. Está claro el objetivo y luego debes medirlo y aprender a definir un cuerpo de indicadores, que te dicen si tus acciones funcionaron. Este último es uno de los elementos que más fallan en la gestión pública, pues muchas veces nos devora allí el hacer, sin preguntarnos el porqué del hacer.

–Antes definía a la cosmovisión cultural como la manera en que una comunidad se percibe a sí misma. ¿Cuál es la relación entre la conformación de un Estado nacional y la conformación de una cosmovisión cultural a través de las políticas públicas?

–Muy buena pregunta y difícil de responder. La cosmovisión es un tema permanente, el eje transversal en nuestra realidad y las políticas de Estado son ejercicios verticales, como cortes, que varían en función de cada administración. ¿Qué sería lo ideal? Que las políticas públicas culturales tendieran al eje horizontal y no al vertical y, más allá de la acción de cada gobierno, tuviéramos políticas públicas culturales compartidas. El papel de las distintas administraciones gubernamentales tendría que ser cómo acercarse lo más posible a la cosmovisión cultural: cómo hacerla palpable. Y difundirla, a través de museos, colecciones de arte, editoriales y programas de formación, entre otras herramientas, que permitan reconocer y valorar nuestra cultura a la vez que nos otorgue un sentimiento de pertenencia.

–¿Qué temas de la discusión social y cultural son más urgentes?

–Uno postergado indefinidamente es una Ley de Cultura que copie las experiencias más modernas en la materia. La Constitución de 1999 tiene cuatro artículos sobre derechos culturales y 14 años después nuestros legisladores no han hecho nada al respecto. Los temas de discusión son muy amplios: participación, programación, relaciones entre educación y cultura, patrimonio cultural, infraestructura, difusión, industrias culturales, etc. Hace falta construir una agenda de trabajo que cuente con consenso nacional y que derive en un plan que deberá tener muchas etapas. Problemas acumulados por décadas no se resolverán en días sino con tesón, determinación, esfuerzo y claridad de objetivos.

–¿Qué medidas son necesarias para consolidar un aparato cultural institucional que represente un compromiso con las fórmulas de participación? ¿Qué instituciones serán particularmente útiles para esto?

–Responder esta pregunta implica señalar un conglomerado de acciones jurídicas, políticas, institucionales y programáticas. Se requiere también para un cambio efectivo deslindar claramente las funciones de gobierno central, gobernaciones y municipios. Y también de organizaciones no gubernamentales, instituciones culturales y sector privado. De la larga agenda de acciones, me parecería insustituible crear un Observatorio de Políticas Culturales, de manera de llevar una memoria exhaustiva de los hechos y logros culturales, un conjunto de indicadores consensuados y un antídoto contra prácticas que se han probado como fallidas. Este debería tener la mejor escuela de formación para gerentes o gestores culturales, pues en este campo las fallas siguen siendo grandes, al no haber mecanismos formales de aprendizaje.

—¿Qué ventajas y oportunidades tienen los venezolanos ahora para fortalecer en el futuro nuestra cultura a través de la gestión pública?

—Deberíamos plantearnos la posibilidad de hacer programas de gobierno fundamentados en diagnósticos. Por ejemplo: cómo está el índice de lectura en Venezuela o qué públicos están yendo a los museos. Debemos trabajar en el mejor documento normativo del sector para los próximos años, uno que recoja todos los diagnósticos previos, los programas que se han hecho y que tome en cuenta nuestras cifras sociales, para ver la demanda que se desprende de allí. La agenda cultural pública es una deuda enorme que tiene el Estado. Lo interesante es que ya hay mucha documentación, no hay que inventar la rueda; es más o menos lo que estoy viendo en el ambiente; hay gente que está trabajando. Otro ejercicio importante que debe hacer el sector es meter a la cultura en el más alto nivel de la agenda nacional. Ya nos ganamos un ministerio, así que tenemos que dejar de ver la cultura como un adorno y asumirla como un elemento central: la economía, la sociedad y los temas grandes de la agenda pública dependen en gran medida de concepciones culturales.

LA IZQUIERDA COMO MARCA
CARLOS NOGUERA

> (…) uno de los grandes avances de la última década
> reside en haber logrado hacer visibles a los invisibles,
> incluidos a los excluidos, participativos a los pasivos,
> protagónicos a los ignorados.

La trayectoria del presidente de la Editorial Monte Ávila en la gerencia cultural está supeditada a su desarrollo como narrador. De hecho, la primera vez que Carlos Noguera entró a la quinta Cristina[1] fue en 1971, cuando se publicó su libro *Historias de la calle Lincoln*. En la obra, eminentemente urbana, polifónica y de estructura abierta, se recogían las experiencias de una generación de guerrilleros marcada por el fracaso y ansiosa de nuevas experiencias. El escritor tenía entonces 28 años de edad y pronto se hizo asiduo al sello estatal, donde a veces conseguía trabajos como lector de manuscritos. Posteriormente, en la década de los años noventa se convirtió en el editor de *Folios*, la revista del catálogo, lo cual le permitió conocer a fondo la institución que entonces presidía Alexis Márquez Rodríguez y que en menos de una década le correspondería a él mismo gerenciar.

Cuando Francisco Sesto lo convidó a presidir la editorial del Estado, en junio del año 2003, Noguera se desempeñaba como director de la *Revista Nacional de Cultura* y en años anteriores había sido parte de la junta directiva del Centro de Estudios Latinoamericanos Rómulo Gallegos. La invitación fue una reacción a una entrevista con Rubén Wisotzki (2003a) en *El Nacional,* a propósito de su novela *La flor escrita*. Allí hizo un comentario

---

1 En la quinta *Cristina* de La Castellana funcionó el sello estatal hasta el año 2011, cuando se mudó a la sede del Ministerio de la Cultura en las torres del Centro Simón Bolívar de El Silencio.

crítico sobre la gestión cultural de la época. Las declaraciones de
Noguera, en las que reconocía que el gobierno había descuidado
«más allá de lo prudente» a la cultura, hacen un buen resumen
de la situación de la editorial: «Ha crecido enormemente desde
el punto de vista burocrático y (...) la deuda con sus empleados y sus autores es bárbara. Yo ni siquiera me molesto en ir a
Monte Ávila a cobrar los derechos de autor, porque me da lás-
tima. No soy capaz de hacerlo. El otro día, hablando con Sael
Ibáñez acerca de todo esto, del apoyo, de la promoción, de la
circulación del objeto cultural, me decía que no hay recursos.
Pero además me dijo que se le había recomendado invertir en la
producción y no en la promoción. Y, ¿sabes?, ese gesto que tú
estás poniendo también lo puse yo cuando escuché en Sael Ibáñez esas palabras» (p. 14).

Noguera heredaba la misma editorial fundada en 1968
por iniciativa de Simón Alberto Consalvi y cuyo gerente fue el
creador de Alfa, Benito Milla, quien, gracias a sus contactos en
España y Sudamérica, ayudó a convertir el primer sello editorial
del Estado venezolano en la referencia mundial de su literatura.
Pero dos décadas después, casi desde el Viernes Negro, la institución estaba agobiada por problemas económicos y su situación
se agravó con la crisis bancaria de 1994. Además de Ibáñez, los
dos directores anteriores, Mariela Sánchez (2001-2002) y Alexis
Márquez Rodríguez (1994-2001) habían intentado resolver infruc-
tuosamente los problemas presupuestarios de la institución sobre
cuyo techo se cernía la amenaza de la bancarrota.

A pesar de los embates de la gestión pública, Noguera no ha
parado de escribir novelas en los últimos treinta años. *Inventando
los días* fue el libro que sucedió a su primera obra. En 1994 fue
finalista del Premio Internacional de Novela Rómulo Gallegos
por su obra *Juegos bajo la luna,* un *bildungsroman* o novela de
formación, ambientado en el recuerdo de los últimos meses de
la dictadura de Marcos Pérez Jiménez. Allí se narra la travesía

entre la niñez y la adultez de los jóvenes integrantes del grupo de
lectura La Cofradía, cuyo objetivo era «decapitar la cursilería y
el melodrama». Casi una década después editó un *thriller* de un
periodista que debe enfrentarse al peso de la corrupción nacional.
Vuelve al tema de la guerrilla en *Los cristales de la noche* (2005),
ambientada en la década de los años sesenta, donde un grupo
saca adelante la revista *Cuaderno libre*, en la cual la estética y la
política se proponen como contenidos.

Además de dirigir una de las editoriales del Estado y poder
hablar de la cultura desde su rol como gestor, Noguera es una
referencia obligada de la literatura nacional desde hace décadas,
así que puede ofrecer un panorama de nación desde los temarios
recurrentes y sus propuestas estéticas, así como desde los vericuetos internos de sus aparatos burocráticos.

–¿Vive Venezuela la reconstrucción de su identidad?
–La identidad nacional está en permanente construcción.
No es un fenómeno estático. Lo que ocurre es que en algunos
momentos históricos ese proceso dinámico se puede acelerar con
la aparición o desaparición de rasgos o la variación de la inten-
sidad de los que ya existen. Creo que, en efecto, en los últimos
años la identidad ha experimentado un proceso de modificación
más notable que en otras épocas. Hay que señalar también que
hay matices en la identidad, que como se definen desde los resultados de estadísticas y generalidades no es uniforme. Nosotros
somos un pueblo multiforme, multicultural y plurilingüístico,
en muchos sentidos. Por ejemplo, en este territorio hay alrededor de 35 culturas aborígenes, de algunas de las cuales hemos
recibido influencias, como las culturas wayúu, warao y kariña.
Pero también tenemos influencia de las inmigraciones, no solo
de la gran inmigración europea o la afroamericana, sino de otras
más recientes como las europeas del siglo XX y las del Medio
Oriente.

–¿Qué cambios se concretaron en los últimos diez años?

–Estimo que uno de los grandes avances de la última década reside en haber logrado hacer visibles a los invisibles, incluidos a los excluidos, participativos a los pasivos, protagónicos a los ignorados. Me refiero a la adquisición de protagonismo social por gente que antes estaba marginada. El venezolano pasó a sentirse protagonista de su historia de una manera que a veces uno, clase media como es, no llega a entender completamente si no se mete a ver algunos procesos desde cerca…

–¿Por ejemplo?

–Los consejos comunales y las asambleas ciudadanas.

–¿Qué mitos se mantienen en la psique del venezolano?

–Creer que la renta petrolera puede resolver cualquier crisis de la nación.

–¿Es este mito incómodo para el desarrollo de la literatura nacional?

–No creo que la literatura deba tener un baremo para calificar de incómodos o no ciertos asuntos. Los temas están allí. Le corresponde a la narrativa tomarlos como sustancia del texto o dejarlos a un lado, no por incomodidad sino por la elección que el escritor hace de sus sujetos y en la cual gravitan motivos vitales conscientes o inconscientes. El tema de la violencia, por ejemplo, podría ser considerado socialmente incómodo; sin embargo, yo lo he tomado como materia narrativa en todas mis novelas.

–Cierto, pero la violencia como tema o ambiente en la narrativa es también una marca de su generación literaria. Julio Miranda (1997) escribió que la literatura de «los nuevos no ha sido pacificada» y ubica el origen de esta tendencia narrativa en Eduardo Blanco, que publicó *Venezuela heroica* en 1881 y *Zárate* al año siguiente. Asegura que «lo que han hecho los escritores actuales es reinventarla precisamente a partir del fracaso de la lucha armada de los sesenta», con lo que parece vincular la guerrilla de la época con la violencia

que está presente en la literatura nacional desde sus primeras obras. ¿Por qué los ideales de aquella lucha moldearon la literatura, no solo de su época, sino también la que vino posteriormente?

–Como dijo Sigmund Freud, solo hay dos temas literarios: el amor y la muerte. Un recorrido por nuestra literatura, incluso desde la época de *Venezuela heroica*, evidencia que está llena de violencia de todo tipo. Algunas novelas son testimonios de las cárceles, como *Puros hombres* de Antonio Arráiz, *Memorias de un venezolano de la decadencia* de José Rafael Pocaterra o *Se llamaba SN* de José Vicente Abreu[2]. Otros se refieren propiamente a las dictaduras, como *Fiebre* (1939) de Miguel Otero Silva. Con las luchas clandestinas de las décadas de los años sesenta y su derrota, se presentó un tema que es, por un lado, la prolongación de la historia violenta del país y, por el otro, la continuación de la lucha guerrillera de otros países.

La experiencia fue compartida por la mayoría de los artistas y por grupos de la clase media profesional de la época. En la Universidad Central de Venezuela, donde estuve primero como estudiante y luego como profesor, no había prácticamente nadie que no estuviera en ese movimiento. De esa época datan los grupos históricos culturales como El Techo de la Ballena, la Tabla Redonda y algunos remanentes de Sardio[3]. Además, diversas revis-

---

2 Las tres son novelas testimoniales de la situación en las cárceles venezolanas durante los gobiernos tiránicos que vivió el país en el siglo XX. La primera, publicada en el año 1938, está ambientada en la época de Juan Vicente Gómez (1908-1935). La segunda es la obra más conocida del narrador y periodista, que criticó duramente la dictadura del Bagre, por lo cual estuvo varias veces en la cárcel; de sus vivencias en La Rotunda entre los años 1919 y 1921 sacó el material para esta novela también testimonial. La tercera, publicada en 1964, es un testimonio de los detenidos y torturados por la Seguridad Nacional en tiempos de Marcos Pérez Jiménez.

3 Tanto Tabla Redonda (1959) como Sardio (1958) son grupos literarios asociados a revistas homónimas. Entre quienes integraban El Techo de la Ballena (1961) se encontraban Salvador Garmendia, Adriano González León, Juan Calzadilla, Francisco Pérez Perdomo, Ramón Palomares y Caupolicán Ovalles, y la mayoría había roto inicialmente con Sardio. María del Carmen Porras establece una diferenciación muy clara entre las tendencias ideológicas de estos grupos culturales en su ensayo «Tres

tas convocaban al pensamiento de izquierda, como *Letra roja* o los encartados culturales que iban dentro de diarios de circulación nacional como *Letra Meridiano,* en donde yo colaboraba. Luego, cada uno de nosotros tomó esa experiencia y la reinterpretó de acuerdo a sus vivencias, sus propios valores y su proyecto de vida. Yo sostengo la misma posición política, aunque con un matiz importante en lo que se refiere al procedimiento. Es decir: interpreto la sociedad con los criterios que tenía entonces, pero creo que fue un error la lucha armada. La izquierda de la década de los años sesenta tenía mucha fuerza heredada del movimiento político contra la dictadura que terminó el 23 de enero de 1958, con el derrocamiento de Marcos Pérez Jiménez. En esta lucha, hablemos claro, los grandes protagonistas fueron la izquierda de Acción Democrática y el Partido Comunista de Venezuela. Pero muchos miembros de la izquierda cometieron el error de irse por un camino que se pensaba era más rápido y que al final resultó fuerte, doloroso y equivocado. Como una frustración, esa experiencia fue profundamente significativa en nuestra historia y de ella se nutrió todo el enjambre de creadores venezolano desde Jacobo Borges, en la pintura, hasta César Rengifo, en el teatro.

    –Si la violencia es un rasgo distintivo de su cultura, ¿qué dice esto de la sociedad venezolana?

    –No creo que sea así, escrita u oral, todos los pueblos tienen su epopeya. En el caso nacional no solo hablamos de la novela que narra nuestra génesis como república, *Venezuela heroica,*

---

revistas literarias de los años sesenta y el problema de la cultura nacional»: «*Sardio*, primera revista que aparece cronológicamente, está afiliada al proyecto político socialdemócrata (representado por el partido Acción Democrática), que va a dominar en el país una vez ganadas las elecciones realizadas a finales de 1958. *Tabla Redonda*, que surge un poco después de ella, se presenta como la respuesta que, en el plano de lo cultural, lanza la izquierda más radical, específicamente el Partido Comunista. Por su parte, *Rayado sobre el techo* [publicación asociada con El Techo de la Ballena] resulta de una escisión de *Sardio,* que hacen pública en 1961 los escritores que sintieron la necesidad de corresponder en el medio literario y artístico con el movimiento de guerrillas que surge en el país por entonces» (p. 627). En L. Barrera Linares, B. González Stephan y C. Pacheco (Eds.) (2006). *Nación y Literatura: Itinerarios de la palabra escrita.* Caracas: Editorial Equinoccio y Fundación Bigott.

sino también de las obras de nuestros pueblos originarios, que tienen relatos brutales para explicar el origen del mundo. Creo, de hecho, que no hay libro tan sangriento como La Biblia.

—En cuanto a sus necesidades culturales, ¿qué le hace falta al venezolano?

— Estimo que aún podemos leer más y que necesitamos la activación de un plan de lectura orgánico, estimulante, viable e incluyente que, sin descuidar a las otras poblaciones, parta de las edades iniciales y las privilegie, tomado como escenario y eje a las instituciones educativas.

—¿Qué medidas son necesarias para consolidar un aparato cultural institucional que represente un compromiso con las fórmulas de participación?

—La democratización, descentralización, vigorización, pluralidad, inclusión, formación, integración, que estén orientadas tanto al mantenimiento y fortalecimiento de las actividades identitarias de la tradición, como al estímulo de nuevas creaciones divergentes y originales. El aparato institucional cultural ya existe en buena medida y es necesario enfatizar su eficiencia y organicidad.

—¿Qué temas de la discusión cultural son más urgentes en el país?

—Mencionaré uno que me preocupa: los prejuicios político-culturales. Lo he vivido como presidente de Monte Ávila. Poetas y narradores de reconocida trayectoria y de una obra significativa, han retirado sus libros de la editorial por motivos políticos. Piensan que por ser opositores al proceso actual de cambios deben autoexcluirse del catálogo de la editorial que los ha acogido en décadas anteriores. Monte Ávila es una editorial del Estado; pertenece, por tanto, a todos los ciudadanos, sin consideración del signo político.

—Y en cuanto a la literatura, ¿qué asuntos son más urgentes?

—La circulación internacional del libro venezolano. A pesar de todos los esfuerzos de integración regional, tengo la impresión de que, en este terreno –el de la integración cultural, el de la circulación del objeto cultural en Nuestra América[4] y más allá– casi todo está aún por hacerse.

–¿Cómo sugiere que comience a hacerse esto desde Monte Ávila?

–No me canso de recordarles a los interlocutores y a las interlocutoras el detalle de que Monte Ávila no distribuye. No es responsabilidad de este sello. Quizá indirectamente pueda serlo, porque somos partícipes de las políticas que recomienda la Plataforma del Libro al Ministerio del Poder Popular para la Cultura, pero es el ministro quien toma las decisiones. El reparto de los libros está en manos de la Distribuidora Nacional. De hecho, los libros de Monte Ávila no pasan por nuestras oficinas: de la imprenta van directamente a la distribuidora. A nosotros nos llegan veinte ejemplares para el autor y ciento cincuenta más, que son para protocolo y promoción. Ahora, si bien los libros llegan casi de manera automática a las Librerías del Sur, no pasa así en las librerías privadas, que se niegan a aceptar los libros del sector público.

–¿Esto tiene que ver con la polarización política?

–Sí. Y la verdad que no entiendo por qué rechazan, por ejemplo, un libro del poeta peruano de origen japonés, José Watanabe. Entiendo el caso de los libros editados por El Perro y la Rana, por los costos, ya que sale más caro el manejo del libro de dos bolívares que lo que pueda generar por venta. Pero esta razón no vale para los libros de Biblioteca Ayacucho o de Monte Ávila.

–Decía que la Distribuidora Nacional es la encargada de mandar al exterior los libros escritos por los venezolanos...

–La situación de Monte Ávila se agravó a partir del Viernes Negro y la crisis bancaria de comienzos de la década de los años

---

4 La frase, común en el discurso bolivariano venezolano contemporáneo, alude al ensayo homónimo de José Martí, publicado en el año 1881, en el cual el escritor cubano hace un llamado a la unión de los pueblos hispanohablantes, no solo contra España, los que aún seguían bajo el yugo colonial, sino contra la amenaza del imperialismo estadounidense en el Nuevo Mundo.

noventa. La hiperinflación afectó mucho la circulación del libro dentro y fuera del país. Con la fundación de la Distribuidora Nacional del Libro, se pensó en el sueño de una distribución fuera de nuestras fronteras. Igual ocurrió con el surgimiento del Fondo Cultural del Alba. Pensamos en internacionalizar la distribución no solo a los países firmantes de ese convenio, sino para los latinoamericanos, caribeños y España. Pero hasta el momento no puedo decir que esto haya sido así.

–¿Y en manos de qué organismo o cuáles procedimientos se encargan ahora de internacionalizar la literatura?

–En las ferias internacionales, en las visitas que hace Venezuela a estos lugares de encuentro literario.

–Entonces, ¿qué beneficios y qué dificultades trae para la editorial formar parte de la Plataforma Cultural del Libro y la Lectura?

–El establecimiento de esta plataforma era algo absolutamente necesario a raíz de la creación del ministerio. Claro que todo cambio requiere luego una inversión de energía para una readaptación. La Plataforma del Libro y la Lectura agrupa entidades que comparten una finalidad común, que es hacer llegar de la manera más amplia posible libros al lector y todas las labores que tienen que ver con eso: promoción, edición, preprensa, distribución y promoción de la lectura. Para esto se constituyeron entidades nuevas, como la Distribuidora Venezolana de la Cultura o la Imprenta Cultural del Estado. Así mismo, se creó la Red de Librerías del Sur, que antes se llamaba Kuaimare. Esto obliga a una reestructuración de las funciones dentro de cada uno de los entes culturales del Estado. Al crear la distribuidora, Monte Ávila ya no necesitaba tener una distribución propia; entonces cedimos los recursos de distribución que teníamos. Se trataba de dos camiones, una camionetica Volkswagen y un personal dedicado a la distribución. También nuestro personal de ventas se fue a la distribuidora.

**–¿Y Monte Ávila quedó encargada de…? ¿La concep-
tualización de los libros?**

–Y la preprensa.

**–En 2003 aceptó dirigir una editorial quebrada que
hoy se mantiene viva. ¿Cuáles fueron las primeras medidas
para rescatarla?**

–Sael Ibáñez, quien entonces era el director de la editorial
(puesto en el que duró unos seis u ocho meses) me permitió hacer
todas las consultas que quise y me mostró las cuentas por pagar.
Desgraciadamente, de estas había por todas partes: uno levan-
taba un cenicero y aparecía una. Era increíble. Armado con ese
papelero, fui a hablar con Sesto, quien entonces era presidente
del Consejo Nacional de las Artes y de la Cultura (Conac) y él
dijo que su propósito era rescatar Monte Ávila.

–¿Qué cambios propuso entonces?

–En mis conversaciones con el viceministro veía venir la
creación de colecciones populares y masivas. Sesto también tenía
esa idea y le propuse la creación del Centro Editor del Libro
Popular, que tendría las siglas CELP, y que podía funcionar de
manera independiente o estar adscrito a Monte Ávila, la editorial que tiene la experiencia más próxima a este formato. Propuse
que podía ser también una filial, claramente diferenciada, para
no enredar el perfil clásico del sello estatal, que debe respetarse.
La idea no progresó nunca, pero fue el germen de la editorial El
Perro y la Rana[5].

**–¿Además de la producción masiva de libros, qué otras
características diferencian a El Perro y la Rana de Monte Ávila? ¿Cómo es la relación entre ambas editoriales?**

–Monte Ávila se parece más a las grandes editoriales conocidas, como el Fondo de Cultura Económica de México, y El Perro
y la Rana es una editorial de aliento más popular. En México

---

5 La Fundación Editorial El Perro y la Rana se creó mediante decreto presidencial N.º 4.265, *Gaceta
Oficial* N.º 38.373 del 6 de febrero de 2006.

existe una duplicidad parecida. Además del Fondo de Cultura, hay otra editorial asociada a Conaculta, de corte popular. En el caso nuestro se pensó en una con tirajes masivos, sin solapa, prólogo ni sofisticaciones, para darle cabida a una gran cantidad de personas que tenían la necesidad de ver editada su escritura y que se dificultaba en esta editorial, aunque ya en Monte Ávila habíamos creado el Concurso de Autores Inéditos, que publica quince nuevos autores cada año. El Perro y la Rana, en cambio, se plantea 600 autores cada año. Recuerdo que participé en la primera convocatoria al Certamen Nacional de las Letras, donde la instrucción que se nos dio fue no ser demasiado exigentes en la selección, pues no se trataba de buscar al próximo premio Nobel de Literatura sino de ser amplio, dándole cabida a gente que quería publicar y no encontraba la posibilidad. La Red de Imprentas Regionales, que son máquinas duplicadoras y dependen administrativamente del El Perro y la Rana, ensancharon el alcance de las publicaciones y ayudaron a aliviar el trabajo y descentralizar la labor de la editorial masiva.

   –¿Qué cambios propuso dentro de la editorial del Estado?

   –Antes de la concreción de El Perro y la Rana creamos en Monte Ávila la Colección Biblioteca Básica de Autores Venezolanos que, salvando las distancias, es la reproducción de una de maestros nacionales como la que ideó Luis Beltrán Prieto Figueroa cuando trabajó en el Ministerio de Educación, como miembro de Acción Democrática. Yo leía en mi infancia esos libros, porque circulaban hasta Tinaquillo, lugar donde yo nací, y allí conocí la literatura de José Antonio Ramos Sucre y Vicente Gerbasi. También me propuse mantener las colecciones tradicionales de la editorial como Altazor, Testimoniales y Treinta Aniversario. A estas les introdujimos ciertas modificaciones. Pero también creamos nuevas colecciones. Por ejemplo, a pesar de la presencia importante de Monte Ávila en el género ensayístico,

especialmente en crítica literaria, se sentía la ausencia de ensayos
de corte político social, considerando la nueva etapa que vive el
país, así que creamos dos colecciones importantes. La primera
es Milenio Libre que, sin ser periodística, se refiere a los hechos
actuales y circula como arepa de chorizo carupanero. Allí hemos
publicado clásicos contemporáneos internacionales, como Noam
Chomsky, y nacionales, como Luis Britto García e Iraida Vargas.
La segunda es la Colección Biblioteca Básica de Pensamiento
Revolucionario, en la que albergamos todo tipo de pensamiento: marxistas, anarquistas, de tendencia cristiano-revolucionaria.
La idea es aceptar libros contraculturales, que en algún momento han estado desde lo excluido respondiendo al mundo. Allí
publicamos los *Diez días que estremecieron al mundo* (2009) y *La
comuna de París* (2010). Adicionalmente, creamos una colección
que responde a una exigencia constitucional: la declaración de
que somos un país multicultural y plurilingüístico. Monte Ávila
tenía una colección de ensayos sobre los pueblos indígenas, pero
hacía falta retomar la tradición cultural oral de esos pueblos. Así
surgió Warairarepano, una colección bilingüe que, aunque está
dirigida a los niños, pueden disfrutarla los alumnos de todas las
edades. Cada libro trata sobre un pueblo indígena y una tradición
cultural distintos; se edita en español y en su lengua originaria,
incluye un glosario, está ilustrado por un artista y cada tomo
viene con un disco. Esta es nuestra colección más consentida y
también la más cara.

CIUDADANOS PARA CONSTRUIR UNA NACIÓN
GISELA KOZAK ROVERO

> (…) no podemos dejar en manos de gobernantes
> la definición de lo que podría plantearse
> como la identidad venezolana.

Gisela Kozak Rovero comenzó a distinguirse en el vecindario de la crítica literaria venezolana desde el año 1993, cuando la colección Zona Tórrida de la Casa de las Letras Andrés Bello editó su primer libro, *Rebelión en el Caribe Hispánico. Urbes e historias más allá del* boom *y la posmodernidad.* Cuando cuatro años después ganó la Bienal de Narrativa Alfredo Armas Alfonzo por su colección de cuentos *Pecados de la capital,* quedó en evidencia la dicotomía entre la narrativa y el ensayo crítico que marca el desarrollo literario de esta profesora de la Universidad Central de Venezuela.

En el primer género, la autora ha sido finalista en el concurso de relatos de la Sociedad de Autores y Compositores de Venezuela por *Vida de machos* (2003) y en el Premio Miguel Otero Silva de Novela, por *Latidos de Caracas (*2006). Entre 2010 y 2011 publicó una colección de narraciones ambientadas en el clima de violencia desbandada con el cual Venezuela recibió el siglo XXI titulada *En rojo,* además de la novela experimental *Todas las lunas.*

En el otro género que prefiere, el ensayo, también han proliferado publicaciones suyas. En 1998 le tocó el turno al ensayo *La catástrofe imaginaria,* donde analiza sin pesimismos una serie de problemas contemporáneos desde la crisis de la cultura hasta el rol del intelectual. Su tercer libro en este género es necesario para quienes decidan analizar el estado de la cultura en tiempos de la

Revolución Bolivariana y se titula *Venezuela, el país que siempre nace* (2008). Partiendo de su impresión de que la indiferencia a su literatura es otra manifestación del menosprecio general que siente la sociedad venezolana hacia sus logros, la académica presenta cinco ensayos cuyo hilo conductor es el peso que la discusión política ha tenido en el quehacer intelectual del país y cómo esta prefiguró los postulados de la Revolución.

Kozak Rovero señala allí que la narrativa venezolana vuelve obsesivamente a la época de las guerrillas y a la interpretación de una izquierda redentora y fracasada por considerar que los tiempos de la guerrilla estaban cancelados y sumergidos en el pasado. Resalta por su originalidad el planteamiento de una de las secciones del libro, titulada «Nuestra herencia intelectual y el triunfo de la Revolución Bolivariana», en la que señala cómo la intelectualidad de izquierda colaboró con el resquebrajamiento del concepto de democracia en el país. Pocos críticos literarios se atreverían a hacer esta aseveración, pero la autora presenta una serie de argumentos para mostrar el desencanto con la democracia de los pensadores nacionales durante la segunda mitad del siglo XX, como la costumbre de ciertos narradores de apelar a la fragilidad de la memoria como importante mediación entre el sujeto y su pasado y la necesidad de cifrar la historia de Venezuela en términos de una sociedad que se niega a abandonar el pasado por no satisfacerle el presente.

Proclama que ante la caída de las utopías de la izquierda beligerante de las décadas de los años sesenta y setenta, los autores venezolanos comenzaron a dudar del valor de la actividad estética e intelectual. «Es una ironía que en un momento en el que el país está arrojado a un enfrentamiento sin precedentes y a concepciones radicalmente diversas acerca de la economía, la política, la democracia, la sociedad, el futuro, la educación, los debates sobre el sector cultura han tenido cierta languidez burocrática [las políticas de Estado, las editoriales privadas y el

comportamiento de las élites intelectuales] que no deja de sor-
prender en una época de tanta polémica», escribe, amargamente
(Kozak Rovero, 2008, pp. 21-22).

Pero sus aportes a la sociedad venezolana no solo se cuentan
en el área de la crítica literaria, pues en la última década se ha
especializado en el estudio de las políticas públicas culturales y
la gerencia del sector. Se ha destacado como docente en estas
áreas en la UCV y la Universidad Metropolitana. Además, pertenece al equipo de especialistas en el área cultural que asesoró
en estos temas a la Mesa de la Unidad Democrática y al candidato presidencial Henrique Capriles Radonski. Por sus ensayos
académicos sobre la situación de la literatura nacional y por su
conocimiento sobre gestión cultural, Kozak Rovero ofrece una
perspectiva interesante para conversar sobre temas de identidad
nacional.

**–¿La Revolución Bolivariana modificó la identidad de
los venezolanos?**

–Dice Jesús Martín Barbero que la identidad es una construcción colectiva que se relata. Los gobiernos, políticos y pensadores en muchos países han tomado en consideración que un
proyecto de Estado nacional tiene que definirse por un sentido
de pertenencia que responde a un conjunto de rasgos culturales colectivos –lengua, tradiciones, historia, religión y creaciones, por ejemplo– y a una nación como una entidad de límites
geográficos precisos. Desde el Estado se difunden a través de
políticas culturales y educativas aquellos rasgos que puedan ser
rápidamente aceptados por amplios sectores de la población,
sacrificándose aquellos aspectos que no se sometan a una lógica
unificadora. Este es el caso de los sectores opositores en la Venezuela actual, marcados como alienados, disociados, apátridas,
oligarcas o pitiyanquis.

–Según lo que dice, parece que los grupos opositores al gobierno están fuera de la identidad nacional...

–Me refiero a un relato específico de la identidad nacional. Cuando la Revolución Bolivariana se plantea la venezolanidad desde la perspectiva de los héroes de la Independencia, vincula nuestra historia como individuos que compartimos territorio, historia y destino con un relato militar, relacionado con el discurso del heroísmo y quienes no coincidamos con eso quedamos afuera.

–En este sentido, ¿cuál es el discurso que propone la oposición?

–Como alguien que apoya la candidatura de Henrique Capriles Radonski te puedo decir que su proyecto apunta hacia una Venezuela con pluralidad política. Y eso suena muy bien, pero el asunto es que no podemos dejar en manos de gobernantes la definición de lo que podría plantearse como la identidad venezolana. Pero, ahora que lo pienso, me parece que es inútil la denominación «identidad nacional»; prefiero utilizar la definición de Manuel Caballero de «conciencia histórica»[1], que se refiere a una manera de asumirnos como venezolanos, a la realidad de pertenecer a una geografía, un sistema político, una historia, una sociedad, una economía y una cultura que tienen importancia en nuestras vidas privadas.

–¿Por qué prefiere referirse a conciencia histórica?

–Porque esta implica que todos nos sentimos interpelados por pertenecer a un país, así sea como una fatalidad histórica tremenda, pero no necesariamente fichados dentro de una misma forma de ver el problema de la nación. El gran problema del relato identitario venezolano que trata de plantear el gobier-

---

1 «La nación es una creación histórica y en modo alguno inmanente. Y es sobre esa base que también nos proponemos hablar de 'conciencia nacional', es decir, de una creación, una realidad histórica y, por lo tanto, analizable como tal». Caballero, M. (2001). Conciencia nacional y conciencia histórica. En C.E. Alemán y F. Fernández, *Los rostros de la identidad* (pp. 197-204). Caracas: Fundación Bigott y Editorial Equinoccio.

no es que asume que el Estado aplasta a la sociedad venezolana. Parece que hay una ficción llamada pueblo que encuentra su único lugar y su único destino en el Estado como lugar de todas las discusiones. Pareciera que lo único que tenemos en común los venezolanos es la relación con el Estado. Esto me parece una distorsión enorme.

—¿Dónde es más evidente la reestructuración de la venezolanidad propuesta por la Revolución?

—El gobierno se ha afincado en el discurso heroico y el culto a Bolívar, privilegiando una visión épica de la identidad venezolana cuya edad de oro correspondería a las guerras de independencia. Este discurso ha tenido lógico impacto en un país que, como dice Ana Teresa Torres, posee como herencia la impronta militar en la política y la historia. Pero el gobierno va más allá: este relato se entronca con las carencias económicas, políticas, sociales y educativas, hábilmente explotadas por las variables populistas de nuestro Estado rentista, que se define como el benefactor de los desposeídos. El pueblo irredento de la Tierra de Gracia necesita, pues, de un Estado fuerte que haga justicia. Aquí, la Revolución realiza una vuelta de tuerca: ya no somos la sociedad mestiza e igualitaria que se asentó en el imaginario social desde la década de los años cuarenta, sino el pueblo multirracial cuya heroica historia ha sido truncada por el imperialismo y la voracidad de las oligarquías. Somos indígenas, afrodescendientes, negros, pardos y zambos sometidos a la supremacía de las élites blancas y europeas, y si bien estamos unificados por nuestro pasado heroico, nuestra herencia comunitaria apunta a un solo destino: el socialismo, la igualdad absoluta, la justicia como destino final. Como diría Antonio Gramsci, se trata de instaurar una nueva hegemonía, pero no simplemente a través de la negociación y la lucha por determinados valores, sino a través de un intenso bombardeo propagandístico acompañado de una oferta populista, un lenguaje de división permanente y la reescritura de nuestra historia, lo cual afecta todas las áreas de la vida nacional.

–¿El Estado nacional no es, de hecho, un elemento del relato identitario?

–Los Estados nacionales se definen en función de su historia, cultura y un proyecto, como variables de la vida pública y privada. Una cosa es pensar que la educación y otras formas de transmisión de visiones de nosotros mismos (como las prácticas culturales y los medios de comunicación) responden a un interés con respecto al destino de la nación y otra es que efectivamente se formen ciudadanos con conciencia de su pertenencia a una nación. La realidad de las naciones contemporáneas marcadas por experiencias democráticas es que son sociedades plurales. El secreto de un Estado eficaz no es solo que tenga buenos servicios públicos, sino que sepa convertir la política en un mecanismo para negociar diferencias y conflictos.

–¿Y cómo se negocian?

–A través de pactos sociales como la Constitución. Allí vienen las necesidades políticas, sociales y culturales que promuevan una idea de consenso alrededor de acuerdos fundamentales y de elementos culturales, sociales, políticos y económicos básicos donde lograr hacer ciertos acuerdos. La conciencia nacional tiene que ver con que efectivamente nos sintamos parte de un colectivo. Creo que la humanidad en su conjunto debe propender a una ciudadanía mundial, porque pertenecer a un entorno determinado que te define cultural, ideológica y políticamente no quiere decir que no tengas problemas comunes con otros colectivos. Es imposible, por ejemplo, resolver los problemas ecológicos o la pobreza a partir de la dinámica de los Estados nacionales. Aunque estos tengan más importancia hoy que nunca, son cárceles. Venezuela es un buen ejemplo de esto: hoy la gente apela a las nacionalidades de sus padres o de sus abuelos, europeas o norteamericanas, como quien apela a un título de nobleza. Y es que están buscando nacionalidades que les den una alternativa frente a un Estado que los asfixia. Es evidente que cuando hablamos del poder de la identidad nacional, tenemos también que contextualizarlo como un problema político concreto y no una suerte de realidad suprahistórica que nos define de una manera.

–Algunos señalan que el gobierno hizo visible al marginado, al que estaba excluido del proyecto moderno de nación.

–La gran pregunta de Venezuela es cómo un Estado tan rico no es capaz de generar las condiciones para que la mayor parte de su población sea clase media, por ejemplo. Esta es una pregunta clave dentro del Estado nacional venezolano. Esto se debe al modelo rentista y a la falta de institucionalidad de nuestros gobiernos. Simbólicamente hablando, el chavismo podrá colocar a los sectores populares en el primer plano discursivo, pero estos siguen viviendo en ranchos, con malos servicios y, si algunos tienen acceso a la educación, es a una de sexta categoría. Lo mismo hizo, en su época, Acción Democrática. Desde la década de los años cuarenta, los excluidos entraron al lugar protagónico del discurso político gracias a la declaración del voto universal. La visibilización de los sectores populares como objetos del discurso político tuvo entonces un momento clave; incluso tuvimos al primer ministro negro de este país: Luis Beltrán Prieto Figueroa[2]. Por lo tanto, la ideología del mestizaje y de la búsqueda de las raíces culturales indígenas tuvo en ese momento un lugar estelar. La década siguiente, cuando vino el Nuevo Ideal Nacional de Marcos Pérez Jiménez, se asumió que Venezuela era un país moderno. De esa época datan numerosos proyectos de infraestructura que daban protagonismo a sectores populares, puesto que se fundaron urbanizaciones como el 23 de Enero y la ciudadela de Caricuao. Con la entrada de la democracia en

---

2 Entre 1947 y 1948, año del golpe de Estado contra Rómulo Gallegos, Luis Beltrán Prieto Figueroa fue ministro de Educación.

1958, Venezuela pasa de tener cuatro universidades a decenas de institutos de educación superior en apenas 20 años. Entonces, es evidente que los sectores populares ocuparon en el país un lugar protagónico como parte de la gestión del Estado.

–Entonces, ¿cómo llegó a la década de los años noventa con más de la mitad de la población en situación de marginalidad?

–El problema fue la forma como Venezuela administró su renta, porque a partir de la nacionalización del petróleo en 1973 este país empieza a endeudarse de una manera atroz. En lugar de ser una sociedad donde el trabajo viene aparejado al bienestar, se convirtió en una en la que el desarrollo y las políticas populistas se alimentaron con deudas. Por eso, si baja el petróleo se acaba el dinero del Estado y merma la calidad de vida del venezolano. Esto lo señalo porque, aunque un Estado tenga como objetivo el problema de los excluidos –y de hecho eso fue así en los últimos 20 años de la democracia bipartidista venezolana–, si se produce un empobrecimiento generalizado de la sociedad venezolana decrece la matrícula educativa y se empobrece la calidad del sector salud en relación con épocas anteriores y las expectativas de mejoras y ascenso social ceden ante la evidencia de la inflación y la deuda. La sociedad no fue capaz de reformarse y finalmente vino un teniente coronel a poner orden. Hay una diferencia fundamental entre los partidos políticos de antes y el esquema propuesto ahora: aquellos eran partidos policlasistas que tenían como centro a los sectores populares como electores mayoritarios, pero en los que podían participar todos los sectores del país. De hecho, el sector de la izquierda que fue excluido del Pacto de Puntofijo bastante que protestó a través de la guerrilla. Y, luego de la pacificación, muchos pasaron a ser parte del aparato del Estado. Entonces había un discurso realmente policlasista, a diferencia del de la Revolución Bolivariana, que menosprecia a los sectores medios y a la llamada oligarquía, proclamando un protagonismo absoluto del pobre y del supuestamente excluido. Esta perspectiva es un manejo discursivo y político para producir conflictividad y divisiones dentro de la sociedad. Por ejemplo, esto es evidente cuando el gobierno reconoce que hay un déficit de millones de viviendas en el país; por lo tanto, sabe que efectivamente no ha mejorado la calidad de vida de los sectores «D» y «E» a través de misiones como Mercal o Barrio Adentro.

–En *Venezuela, el país que siempre nace* analiza cómo la narrativa nacional vuelve varias veces sobre la izquierda redentora y fracasada de la década de los años sesenta. ¿Cree que la izquierda es parte de la gran narrativa de la venezolanidad?

–Por supuesto que sí. Esta izquierda surge en los años sesenta y fracasa, pero subterráneamente sigue teniendo influencia en la vida venezolana a partir de varios canales fundamentales como las universidades, el sector cultural y los militares. Aquella izquierda con tanta influencia intelectual y educativa surge como una alternativa de poder con la Revolución Bolivariana.

–¿Pero por qué se entronca tan fácilmente con el relato militar al cual se refería antes?

–Me parece de sumo interés la vocación jacobina y antidemocrática de la intelectualidad venezolana. Pero la izquierda llega adonde llega, justamente, porque se entronca con el relato del caudillista venezolano, con el menosprecio de la institucionalidad y de la ley, con el espíritu de la ruptura y del cambio permanente. Por eso el relato identitario que está intentando crear el proyecto de nación de la Revolución Bolivariana está fundado en la exclusión, el autoritarismo y la violación de los derechos del otro. Y todo esto se refuerza porque el Estado es dueño de la renta petrolera y la idea que los venezolanos nos hemos planteado históricamente del Estado es que este nos tiene que dar.

—¿Cuáles son las necesidades culturales que aún no encuentra satisfechas el venezolano?

—Conocimiento y entretenimiento para todas las clases sociales a partir de producciones artísticas, literarias y radiotelevisivas en todos los registros cultos, populares y masivos que atiendan a los múltiples aspectos de la vida del país de cara a sí mismo, al entorno latinoamericano y al resto del mundo.

—¿Qué ideas se mantienen en los imaginarios culturales nacionales?

—Hay dos mitos muy fuertes que intentan explicar la nación venezolana y que han sido hábilmente utilizados por diversos gobiernos a través de la historia: la Tierra de Gracia donde todo puede conseguirse sin esfuerzo porque somos riquísimos, y el relato heroico bolivariano. Los otros mitos no pasan de ser una lista de lugares comunes, pero valdría la pena tomar en cuenta la supuesta herencia igualitaria que dejaron en la cultura venezolana la Independencia, la Guerra Federal, los alzamientos caudillistas y la idea del mestizaje. Esta herencia se traduce en un igualitarismo que poco tiene que ver con la verdadera conciencia colectiva y está más bien relacionado con la escasa valoración del logro y la lucha personal, a menos que esta se manifieste en el deporte, el mesianismo político o el mundo del entretenimiento. También se habla de tolerancia a la diversidad dada la apertura hacia los inmigrantes en otra época y la libertad de cultos. Esta apertura es real, y es una virtud, pero en circunstancias de carácter político la tolerancia puede traducirse en indiferencia ante las diversidades culturales, étnicas, sociales, económicas, políticas, de género y orientación sexual, menoscabándose así los derechos de ciertos grupos.

—Desde lo señalado hasta ahora, ¿cómo puede crearse un sentido de pertenencia nacional?

—El igualitarismo podría traducirse en una aspiración de equidad, justicia, derechos humanos y responsabilidad; la Tierra de Gracia en aprecio por lo nacional y trabajo colectivo para aprovechar las bondades de la naturaleza. El culto a los héroes podría trocarse en una valoración de nuestras gestas civiles científicas, sociales, económicas, políticas y culturales del pasado y la tolerancia en conciencia de las diferencias existentes y mecanismos democráticos para resolverlas.

—¿Qué asuntos son más urgentes para resolver en el sector cultural de la nación?

—En primer lugar, volver a crear las instituciones del sector cultural y debemos también independizarlo de los partidos políticos. Luego se deberían desconcentrar los recursos culturales y descentralizar su administración. Además, es importante convertir las tecnologías de información y comunicación en el medio preferente para desburocratizar la gestión cultural y para convertir a la población, especialmente la de edad escolar, en gestor de su creatividad y disfrute cultural. Debemos también comenzar a trabajar por un acuerdo nacional que reconozca las diferencias políticas, sociales, económicas, educativas, culturales, étnicas, de género y orientación sexual existentes en la población.

—En otras entrevistas ha señalado su rechazo a la idea de que el venezolano es «chévere». ¿Cree que esta levedad de carácter no sirve para solucionar los problemas sociales? ¿Cómo se desmonta el «cheverismo»?

—Somos una sociedad estupenda, abierta, tolerante, alegre, flexible, pero una que ha fracasado en satisfacer necesidades vitales de la población, y por lo tanto tiene que revisarse y aprender que el derecho también implica deberes. La alegría y supuesta levedad para asumir la vida, en el orden de la vida ciudadana, tiene caras muy tristes, por ejemplo, la cultura ciudadana venezolana, donde los derechos del otro son atropellados constantemente. ¿Qué cheverismo es ese? Nuestras ciudades son difíciles y por eso exaltamos un supuesto espíritu amistoso.

–¿Qué dice de los venezolanos esa obsesión con ser chéveres?

–Una sociedad que privilegia las rentas sobre la producción, la suerte sobre el trabajo y el estudio, no toma conciencia de sus diferencias y está infantilizada frente al Estado.

UN PAÍS COMO UNA ORQUESTA
JOSÉ ANTONIO ABREU

> La música es un lenguaje invisible, con un potencial
> semántico y un alcance que no tiene límites;
> por eso es el vehículo más expedito para lograr
> en un instante conciliar las audiencias, las familias,
> los vecinos y la sociedad.

José Antonio Abreu fundó el proyecto artístico venezolano de más envergadura y de mayor proyección en el mundo: El Sistema de Orquestas Infantiles y Juveniles de Venezuela, que desde hace más de treinta años se encarga de rescatar a niños en situación de riesgo mediante la práctica colectiva de la música a través de algún instrumento o la propia voz.

Lo más impresionante del modelo de enseñanza creado por Abreu y por un puñado de artistas en el año 1975 es que involucra no solo a los niños convocados a la transformación musical, sino también a sus familiares y a su comunidad. En todos estos años de trabajo arduo, el modelo ha podido replicarse exitosamente en los 24 estados del territorio nacional, donde funcionan unas 285 orquestas y *ensembles* que benfician directamente a más de 350.000 estudiantes provenientes de las clases más pobres del país y que contribuyen a generar 5.620 empleos directos. Grupos musicales inspirados en este modelo se han establecido ya en 25 países del mundo, y siguen sumándose instituciones en todo el planeta interesadas en aplicar los mismos métodos[1].

La labor del proyecto y de los segidores de Abreu redefine el significado de la frase «el milagro musical venezolano», porque si bien este país es una autoridad en este género artístico reconocida desde el lejano siglo XVII, El Sistema ha unido el desarrollo

---

1 Cifras tomadas el 14 de julio de 2012 de la página web de Fesnojiv: http://www.fesnojiv.gob.ve.

cultural con el humano, con lo cual ha alcanzado una proyección dentro y fuera del país inigualable por algún otro programa cultural nacional. Al principio fue apenas un sueño para el Maestro –que así llaman a Abreu cariñosamente sus alumnos–, pero se hizo realidad cuando debutó en 1975 con unos once músicos que se habían entrenado en un garaje. A partir de entonces, El Sistema comenzó a cosechar éxitos y muchos organismos en el extranjero intentan imitarlo. Veinte años después de aquel debut, la Unesco designó a Abreu como delegado especial para el desarrollo de un sistema mundial que siguiera los pasos del creado en Venezuela. También, por inspiración de este enorme grupo de músicos, la Organización de Estados Americanos creó, en el año 2000, la Orquesta Juvenil de las Américas y, en 2009, el Programa de Orquestas para Jóvenes en Riesgo.

Dentro del país, El Sistema es una organización distinta del resto de la institucionalidad cultural y ha sido la única en su estilo, pues ha sobrevivido décadas e, incluso, el fin del orden de la llamada IV República y el instaurado por la V. Además, por su proyección internacional, que lo convierte en imagen de la cultura nacional en el mundo. El investigador Carlos Delgado Flores (2008) señala que si esta institución se ha mantenido a pesar del tiempo y de los cambios políticos es por ser la pionera en el país de la promoción cultural como herramienta de desarrollo social y porque se ha concebido como emblema de las aspiraciones de los venezolanos, cualesquiera que sean sus preferencias políticas, lo cual se ha manifestado en una importante red de apoyos del sector público y el privado. Además, su sobrevivencia a la reestructuración del sector cultural nacional, ocurrida a partir de 1999, se debe a que la Fundación a la que se adscribe El Sistema no estaba asociada al Consejo Nacional de la Cultura (Conac) ni, posteriormente, al Ministerio de la Cultura, sino que primero estaba adscrita al Ministerio de la Familia y ahora al Despacho de la Presidencia.

Sin contar con el trabajo que hace para El Sistema, Abreu ya tenía un puesto reservado en la historia de la cultura en Venezuela. En primer lugar, este artista, que cuenta con cuatro grados académicos (maestro compositor, profesor de piano, de órgano y de clavecín) comenzó a hacerse un nombre desde joven y ganó en 1966 el Premio Nacional de Música. Y, en segundo lugar, porque el también economista *summa cum laude* con una especialización en Petróleo estuvo frente al Conac como ministro de Estado para el sector, entre los años 1989 y 1993. Entonces desarrolló una gestión exitosa, la cual logró duplicar el presupuesto que el Estado venezolano otorgaba a la cultura y adelantó la descentralización del aparato burocrático de las artes nacionales. Impresiona que todo esto lo alcanzó durante la segunda presidencia de Carlos Andrés Pérez, un gobierno marcado por problemas políticos de toda índole, desde el alzamiento popular conocido como El Caracazo, en 1989, hasta las dos intentonas de golpe de Estado, el primero el 4 de febrero y el segundo el 27 de noviembre de 1992. «Podría afirmarse que Abreu fue el único acierto tangible del frustrado gobierno perecista, tal vez porque lo escogieron entre esos independientes tenaces que siempre están esperando su turno para llevar unas cuantas ideas», es el elogio que recibió en las páginas culturales del ahora desaparecido *Diario de Caracas* en vísperas de su dimisión[2].

Además de los muchos doctorados *honoris causa* que ha recibido a lo largo de su carrera dentro y fuera de Venezuela por su labor con El Sistema[3], Abreu se ha hecho merecedor de los

2 *El Diario de Caracas* (1993, diciembre 5). José Antonio Abreu: «El hombre que dice adiós o hasta luego», p. 4.
3 La Fundación del Estado para la Orquesta Nacional Juvenil de Venezuela se constituyó en febrero de 1979, según el decreto número 3039, publicado en *Gaceta Oficial* N.º 31.681. En 1996 se constituyó la Fundación del Estado para el Sistema Nacional de las Orquestas Juveniles e Infantiles de Venezuela con el objeto de fortalecer el trabajo del Sistema en todos los estados del territorio nacional. En 2011, la Fesnojiv pasa a llamarse Fundación Musical Simón Bolívar (FundaMusical Bolívar) órgano adscrito al Ministerio del Poder Popular del Despacho de la Presidencia de la República Bolivariana de Venezuela.

galardones más importantes del globo. En 2008 recibió el Premio Príncipe de Asturias de las Artes y en octubre de 2010, el Premio de la Paz de Seúl. Es también candidato del Premio Nobel de la Paz, pues en enero de 2012 representantes de la Academia Internacional de Hagiografía de Venezuela, presididos por monseñor Rafael Febres Cordero, presentaron su candidatura en Oslo.

Con un currículum tan impresionante, Abreu tenía que ser convocado a la discusión sobre la identidad nacional que ocupa a este libro, donde se intenta dilucidar cómo es el perfil del venezolano y la mejor manera de proyectar la cultura nacional hacia el exterior. El Sistema demuestra no solo que es posible generar estructuras exitosas de desarrollo cultural, sino que artistas nacionales –digamos como Gustavo Dudamel, director de la Orquesta de Los Ángeles; Diego Matheus, conductor principal de la Ópera de Fenicia y Christian Vásquez, director invitado de las orquestas sinfónicas de Gäve (Suecia) y Stavanger (Noruega), entre otros– pueden competir con extranjeros en absoluta igualdad de condiciones. El ejemplo de este proyecto debería ser estudiado en profundidad por el resto de los actores culturales del país. No en balde, El Sistema ha sobrevivido las crisis financieras y las reestructuraciones, no se diga en particular de la cultura nacional, sino de la vida venezolana, en general.

–En estos más de treinta y cinco años, El Sistema ha pasado por un proceso de fortalecimiento e internacionalización. ¿En qué etapa está ahora? y ¿cuáles son las fases y qué le falta por desarrollar?

–Los objetivos generales son los que se plantearon desde el principio. En primer lugar, llevar la educación musical al mayor número posible de niños y jóvenes. En segundo lugar, aplicar cada vez más intensivamente la formación orquestal como instrumento para impulsar y reforzar su capacitación. Y, en tercero, incluir maestros en la institución para que se incorporen a la enseñanza y a la práctica de la música. Estos son los objetivos sociales primordiales para nosotros, para que la institución pueda articularse como instrumento de desarrollo humano y, por supuesto, como uno de formación artística. El Sistema trata de aplicar las nociones y procesos que uno conoce a un proyecto dedicado específicamente a la música, pero sobre esa base social. La práctica orquestal y la coral son elementos que aceleran y perfeccionan la educación de jóvenes y niños de bajos recursos.

–¿Hacia dónde apunta ahora su gestión?

–La siembra de El Sistema en nuestros países hermanos de Suramérica y Centroamérica ya está bastante consolidada. La Unión de Naciones Suramericanas está constituyendo ahora un proyecto para que réplicas del Sistema se desarrollen en los países de Unasur, aunque ya hay algunos países que lo tienen, como Brasil y Argentina. Luego de concretar la presencia en Suramérica apostamos por ahondarla en Europa. En Escocia, por ejemplo, hay una comunidad de condiciones medias y allí hay 200 personas incorporadas al trabajo musical en conjunto con los jóvenes. Ese esquema que se ha fundado allí está inspirado en nuestro sistema venezolano. En Italia también tenemos presencia. Allí ya se están desarrollando células musicales de este tipo a través de las instituciones estadales que preside el maestro Roberto Rossi. En Grecia, ya iniciamos el trabajo con los principales dirigentes musicales del país, como el maestro Mikis Teodorakis, para conformar una orquesta juvenil allí. Luego, por supuesto, está la consolidación de sistemas en España y Portugal, países donde, por razones obvias, hay instituciones vinculadísimas a Venezuela. También nos expandimos en Noruega, porque allí existe un movimiento que ha combinado a la Real Academia de Música de ese país y del célebre Instituto de Música Barratt Due. Ambos organismos se unieron para recibir a una delegación de músicos que mandamos desde Caracas y así se conformó la orquesta binacional NorVe.

–¿Qué otros lugares del mundo quedan en la lista?

–Falta Australia. También África; estamos a punto de ini

ciar en Egipto varios sistemas y seguramente en Namibia. También falta Sudáfrica, donde queremos realizar un trabajo muy
intenso en el año 2013. Para eso nos estamos preparando todos
en este momento.

**–¿Qué es lo que ha hecho de El Sistema un proyecto
cultural tan exitoso?**

–Pienso que esto se debe a los resultados sociales. Es que
obtuvimos resultados desde el principio. Ya en el primer año, la
pequeña orquesta que inició el trabajo en Caracas representó a
América Latina en el Festival Internacional de Orquestas Sinfónicas Juveniles de Aberdeen, en Escocia, y allí obtuvo un reconocimiento al nivel técnico, al nivel de excelencia. Por supuesto que
en cuanto reconoció el Festival de Berlín la calidad de la Orquesta
Sinfónica Juvenil e Infantil, rápidamente se sumaron otros reco-
nocimientos. En Estados Unidos y Europa surgieron nuevas instituciones. También comenzó una interacción importante con
el Conservatorio de Nueva Inglaterra y firmamos en Caracas un
acuerdo entre nosotros y esa institución para el intercambio de
maestros de música de cámara[4]. El año pasado, durante nuestra
gira, la Filarmónica de Los Ángeles convocó a un simposio en
el cual participaron todas las orquestas de Estados Unidos. Esto
es muy importante para la vida de El Sistema, ya que anuncia-
ron el propósito de continuar expandiendo el trabajo por todo
el país, por eso ya podemos decir que hay un movimiento muy
consolidado y fuerte en Estados Unidos. Eso pudimos percibirlo

---

4 El Sistema y el Conservatorio de Nueva Inglaterra tienen relaciones desde el año 2005 cuando
firmaron su primer pacto bilateral de cooperación entre las instituciones. La réplica del Sistema
en Estados Unidos comenzó tres años después, cuando el presidente del conservatorio, Tony
Woodcock y el jefe de educación continua y preparación del instituto musical, Mark Churchill,
llegaron a Venezuela junto a una delegación de pedagogos y gestores culturales estadounidenses
para estudiar qué elementos del Sistema se podían replicar exitosamente en Estados Unidos. En
2009 se creó en el conservatorio el Abreu Fellows Program, un programa certificado de un año para
músicos interesados en la enseñanza que puedan guiar el desarrollo del Sistema en Estados Unidos.
Desde 2012 este programa cambió de nombre a El Sistema Fellows Program. *The New England
Conservatory Web Page*. (2012, marzo 29). Revisado el 14 de julio de 2012 en http://necmusic.edu/
nec-el-sistema-new-friendship-agreement.

con más claridad cuando la orquesta fue recibida el año 2012 en el Carnegie Hall de la ciudad de Nueva York. Allí se congregaron artistas norteamericanos, solistas venezolanos y el director de orquesta, Gustavo Dudamel. Creo que eso coronó nuestras relaciones con los músicos de Estados Unidos.

–Vamos del futuro hacia el pasado. Cuando comenzó con El Sistema de Orquestas, en la década de los años setenta, ya usted tenía una trayectoria en el país como músico. ¿De dónde vino la idea de que era necesario hacer una organización que integrara lo artístico y lo social?

–Yo me formé inicialmente en Barquisimeto, en una humilde escuela de música que dirigía la maestra Dora Alicia Jiménez de Medina. Ella estimulaba en el muchacho no solo el aprendizaje del piano sino también la pasión por el arte musical. Allí se inició mi vida, muy intensa, como estudiante de la Academia Musical del estado Lara, donde también había maestros europeos destacados, entre quienes estaba muy bien afianzada la idea de la importancia de la práctica orquestal en la preparación musical de los niños y se constituyó una orquesta en la que participaban alumnos como yo, que tocaba el violín. Personalmente, experimenté el enorme estímulo, el impulso fundamental de estar en una orquesta y practicar todo el tiempo. Ese fue un primer impulso y fue muy fuerte en mí. Cuando ya después vine a Caracas, a los 16 años de edad, entré en la escuela del maestro Sojo. Estaba el maestro Evencio Castellanos, quien también aportó fuertemente la práctica orquestal en la escuela y yo pude apreciar la necesidad imperiosa de abordar el problema orquestal en Venezuela. En aquella época había una sola orquesta para todo el país que era la Sinfónica de Venezuela. Había también otra más pequeña en Maracaibo que estaba constituida por maestros extranjeros, quienes debido a su vocación por la enseñanza, fueron los mismos que años después nos ayudarían a, poco a poco, ir extendiendo El Sistema por toda Venezuela. Apenas en 2009 terminamos de instaurar El Sistema en los 24 estados venezolanos. Además, ya se ha consolidado el Sistema Nacional de Coros, que tuvo una espléndida presentación en Frankfurt. El Coro de Venezuela, el Simón Bolívar, estuvo en un enorme festival que se celebra en Alemania. A partir de este momento, el Sistema Coral inicia una segunda etapa, muy importante, para extenderse por todo el país, con el objetivo de que en unos cinco años tengamos también una red gigantesca de coros.

–Adicionalmente, hay un proyecto que se viene a sumar ahora a El Sistema que es el llamado Alma Llanera[5].

–Así es, ese es un proyecto que podríamos llamar un «subsistema dentro de El Sistema» y consiste en aplicar los mismos principios, pero sobre la base de instrumentos nativos venezolanos. Los instrumentos venezolanos (arpa criolla, cuatro, maracas, guitarra y bandola, por ejemplo) se incorporan y conforman un sistema para que los niños y los jóvenes, aparte de los instrumentos sinfónicos, aprendan, dominen y se apasionen también por los instrumentos nacionales y algunos, eventualmente, se puedan dedicar exclusivamente a ese tipo de música.

---

5 El programa Alma Llanera que el Sistema de Orquestas y Coros Juveniles e Infantiles de Venezuela desarrolla desde la Fundación Musical Simón Bolívar contempla la creación de 275 orquestas de música tradicional venezolana con lo cual se espera beneficiar a unos 41.000 niños y jóvenes de las localidades más apartadas de la geografía nacional y generar alrededor de 5.000 empleos directos e indirectos al involucrar a cultores, artesanos y fabricantes de instrumentos tradicionales. El programa que imita el método que El Sistema exporta a varios países del mundo, se sustenta sobre cuatro ejes. El primero se refiere al aprendizaje de un instrumento tradicional venezolano; lo cual llevaría al segundo eje: el rescate y preservación de los instrumentos y de las partituras de música folklórica. Así, el tercer eje hace hincapié en la promoción de la investigación alrededor de la música popular. El cuarto, y último, se refiere a la difusión de la música criolla por medio de la creación de orquestas y la interpretación del repertorio folclórico. En: *Página Web de Fesnojiv*. (2012, abril 24). Tomado el 14 de julio de 2012 de Concierto Inaugural del Programa Alma Llanera: http://www.fesnojiv.gob.ve/es/conciertos/1233-concierto-inaugural-del-programa-alma-llanera.html. El concierto inaugural de este proyecto se llevó a cabo en la sede caraqueña del Sistema, en Quebrada Honda, el 19 de abril de 2012. Este año, para la ejecución del programa Alma Llanera, el Ejecutivo Nacional aprobó 395 millones de bolívares. *Página Oficial de VTV* (2012, abril 19). Tomado el 14 de julio de 2012 de Proyecto Alma Llanera: http://www.vtv.gov.ve/index.php/culturales/80836-proyecto-alma-llanera-incorporara-41170-ninos-a-orquestas-de-musica-tradicional.

—¿Qué diferencia hay entre la vocación por la música clásica y la folclórica?

—Ninguna. Es la misma vocación. Aunque no sean instrumentos del elenco sinfónico, con la música criolla se puede llegar a niveles de ejecución magistral. Allí está el ejemplo del cuatro.

—¿Qué oportunidades de proyección tiene el Alma Llanera en Latinoamérica? ¿Hay otros países que tengan movimientos de música autóctona?

—Sí, claro. Bolivia, por ejemplo, tiene una orquesta infantil en la cual dominan los instrumentos populares. Colombia también. Hay en la región lo que llaman las orquestas típicas, pero a mi manera de ver esto no tiene relación con orquestas típicas; más bien se trata de introducir instrumentos nacionales que están incluidos en estas orquestas. Las orquestas típicas son aquellas que ejecutan la música propia de las regiones.

—Y ¿contempla también Alma Llanera la ejecución de música de otros momentos históricos venezolanos, digamos, de la época colonial?

—Claro, por supuesto. Esa música se ha conservado y se ha dirigido en algunas ocasiones.

—La historia musical de Venezuela es amplia y de antigua data. De hecho, se habla del «milagro musical venezolano» desde hace varios siglos, desde la Escuela de Chacao del maestro Sojo[6]. ¿Cree que es cierto esto del «milagro» y de que hay una propensión entre los venezolanos al desarrollo de este tipo de arte?

—Este es un país musical; todo el mundo canta y baila. La música es apetecible en todos los sectores de la sociedad y ese

---

6 En la segunda mitad del siglo XVIII, el padre Sojo fundó la congregación de San Felipe Neri, en la parroquia de San Pablo de la ciudad de Caracas, alrededor de la cual se articuló un movimiento de compositores de importancia a los que se les conoce como la Escuela de Chacao. Entre los músicos asociados con esta tradición destacan Cayetano Carreño, José Francisco Velásquez, José Ángel Lamas, Juan José Landaeta y José Lino Gallardo, entre otros.

potencial artístico avanza en el tiempo. La danza también lo tiene; la práctica de la técnica se ha incorporado. Pero esta vena musical la hay no solo en Venezuela, sino también en el Caribe y América Latina.

–¿Qué cree que pueda la experiencia del Sistema de Orquestas enseñarles a otros proyectos culturales de Venezuela o de América Latina?

–Pues que el arte puede ser un instrumento de inclusión social; que todos los niños y jóvenes de bajos recursos deben tener acceso a las instituciones del arte en el país y que las manifestaciones artísticas deben constituir la piedra angular del sistema educativo general.

–Ya antes del Sistema de Orquestas, usted estaba vinculado con la cultura del país; incluso llegó a ser viceministro en la década de los años noventa y por eso me gustaría que me dijera ¿cómo ha visto usted en los últimos 10 o 15 años, el desarrollo cultural nacional?

–Bueno, yo veo que sigue creciendo. Veo, por ejemplo, que la danza se hace más importante en las escuelas y en los liceos. Veo también que el cine ha crecido muchísimo. Creo que se ha trabajado para la formación de jóvenes cineastas de mucho talento. Creo que todas las instituciones relacionadas con el cine, a lo largo de los años, se han fortalecido. Creo que el movimiento cultural en Venezuela, en general, es sumamente poderoso y creo que los recursos del Estado, los recursos que se invierten, deben ser concedidos para garantizar el ejercicio de un derecho. De hecho, que el arte sea reconocido como un derecho humano cambiaría la concepción que se tiene ahora de la cultura como una asignatura optativa. Eso lo transformaría.

–La idea de transformación también está en el centro de la gestión en las orquestas. Cuando se habla de la práctica orquestal se refiere no solo a la relación del joven músico con el instrumento, sino también a la relación con el compañe-

ro, con los ejecutores de los demás instrumentos. ¿Cómo se articula eso en El Sistema?

—Nuestras orquestas son comunidades donde se constituye una relación muy profunda y elevada entre todos los músicos. Sobre todo se establecen metas en el colectivo, las mismas que el grupo aspira a conseguir mediante el esfuerzo y la excelencia. Son comunidades constituidas con la finalidad de alcanzar la excelencia. Y esto se extiende más allá de las orquestas; los padres y madres que tienen a sus hijos aquí se sienten orgullosos de que el niño tenga habilidades artísticas y los muchachos se sienten también parte de sociedades dignas, sociedades creadoras, y es de esta manera que estamos contribuyendo a transformar al pueblo venezolano, por el arte.

—¿Recuerda alguna anécdota o algún momento en el que haya podido comprobar que la música cambió a un muchacho?

—Sí, son miles de casos los que podría citar. Hay niños que han llegado a la orquesta desde la más humilde condición social, incluso con desnutrición, muy marginados, y a través de la música han alcanzado metas que en ninguna otra posición en sus vidas hubieran podido perseguir. Este fue el caso de Eduardo Marcano, que cuando ingresó en la orquesta se sentaba siempre en el último puesto, porque era muy retraído, aunque tiene un gran talento para el violín. Cuando en 2004 tuvimos la visita del inglés sir Simon Rattle, director de la Filarmónica de Berlín, se conformó una orquesta infantil que tocó para él. Allí estaba Marcano y, en la jornada, Rattle lo designó concertino de esa orquesta. Así lo consagró. Y el pequeño Eduardo no creía que podía ser exaltado por un gigante de la dirección como Rattle. Y es igual en cualquiera de los casos que te pueda citar. Aquí atendemos a niños que habían desertado de la educación, con un nivel de autoestima mínimo por su pobreza y luego de que ellos adquieren un perfil y un destino, se sienten dueños de su vida. Y eso es único. Pero es que además esto no solo los cambia a ellos, sino primero al círculo familiar; luego, al círculo vecinal y, finalmente, al círculo orquestal. Son esos tres grandes anillos que rodean al niño y en el seno de los cuales se produce ese deseo de cambio. Y eso lo esta viendo todo el mundo. Ya no se puede detener el proceso. Anteriormente era muy difícil lograr que una alcaldía de un pueblo prestara apoyo para dar conciertos o construir núcleos de El Sistema, pero hoy sobran las ofertas de apoyo y de espacio en el interior del país para que los niños participen en la orquesta. También entre los padres hay ahora una mayor disposición. Hasta entre los estados hay competencia para ayudar a la proyección de El Sistema.

–¿**Cómo se articulan las relaciones entre el nucleo central y los otros núcleos de El Sistema en Venezuela?**

–Este año se va a celebrar un festival de orquestas juveniles donde se van a confrontar las orquestas de los estados. Por ejemplo, la Orquesta Juvenil de Caracas, que tiene un nivel altísimo, competirá con la Orquesta Juvenil de Porlamar, que también tiene un buen nivel, o con la Juvenil de Valencia. El Sistema empareja los niveles musicales entre las orquestas y se hace un solo gran nivel. Lo que tenemos que buscar son los espacios para que sea cada vez más grande este movimiento y poder conformar una orquesta donde todos los jóvenes con capacidades técnicas similares puedan sentarse juntos. Es un principio parecido al concierto que tuvimos en 2011 cuando tocaron juntas la Filarmónica de Los Ángeles y la Simón Bolívar. Pronto haremos este mismo festival pero con la Orquesta de Dubai. Estos encuentros son muy importantes, porque la formación es inherente al proceso y es indispensable para poder asegurar que el Sistema eche raíces y coja luz propia en cada región. De manera tal que a través de estos procedimeintos, el cuadro cultural y social del país se homologa, se eleva simultáneamente en todas las regiones a medida que progresa el sistema educativo. Esto ayuda a que las orquestas de todo el país tengan el mismo nivel.

–¿Cómo puede el Estado apoyar más al Sistema?

–Bueno, hasta ahora lo apoya sosteniéndolo financieramente y también a las infraestructuras de El Sistema. Por ejemplo, el edificio, el gran Complejo Simón Bolívar de la Música, allí participan el Estado venezolano y el aporte de organismos internacionales como la Corporación Andina de Fomento, que asume estos proyectos sociales importantes y que miden constantemente el impacto social en el país.

–¿Estos aportes de organismos internacionales son los que permiten la réplica de El Sistema en otros países?

–Todas las semanas recibimos personas de distintos países que visitan la orquesta para conocer la experiencia.

–En cuanto a marcos legales e institucionales, más allá de lo que es específicamente de infraestructura, ¿qué puede hacer el Estado para ayudar al desarrollo de El Sistema, pero más importante, que ayude a replicar iniciativas culturales en Venezuela?

–El Sistema funciona dentro de una misión del Estado que se llama FundaMusical Bolívar que está adscrita al Ministerio del Despacho de la Presidencia. A partir del Despacho se dan los proyectos en todo el país y las gobernaciones prestan su colaboración, de tal manera que es el Estado nacional el que los asume.

–Desde el punto de vista de los ciudadanos, de las personas que vienen a disfrutar de la cultura, ¿qué cree usted que necesita el público venezolano para involucrarse un poco más con sus instituciones culturales?

–Necesita muchas cosas, por ejemplo la producción de programas musicales continua y seriamente realizada. Necesita acceso a conciertos cuyos repertorios sean concebidos para ellos. En primer lugar, deberían ser repertorios en los que esté presente la música venezolana y, en segundo lugar, que tengan organicidad. Por ejemplo cuando se organiza un Festival de Mozart es más fácil captar al público si este aprende por sí mismo de qué se trata el festival. Es decir, si se dictan conferencias y se hace un programa especial, que involucre a la gente. Entonces el oyente que asiste al primer concierto, cuando sale siente que ha aprendido algo. Esto se debe a que se ha organizado el programa con un fin ulterior didáctico. Esa es la manera de educar, para que la audiencia también perciba los beneficios. Es muy importante trabajar sobre la audiencia. Hay una audiencia que ha crecido por la misma actividad de la orquesta. Hay parte de esta audiencia que es culta y crítica, pero también existe una que todavía no ha sido suficientemente formada. La audiencia musical en Caracas, por ejemplo, cuando teníamos actividades en el Teatro Municipal, era una audiencia culta, entusiasta. Luego comienza a formarse un público por la familia de los muchachos.

—Comienza a transformarse la familia también por la experiencia musical…

—Sí, y luego también los vecinos. Es decir, ha ido creciendo la experiencia de la cultura en círculos concéntricos. Y debemos pensar también que no solamente han crecido en número las audiencias de los conciertos de música clásica, sino también en cuanto a su actitud ante la música. Es asombroso cómo la audiencia en cualquier ciudad de Venezuela muestra respeto y dignidad. Es realmente increíble.

—¿Cree en las divisones de música culta y popular?

—Hay buena música y música mejor.

—¿Cuál cree que es el aporte de la música como género cultural al perfil del venezolano?

—Enorme. El venezolano es mucho más alegre por su relación con la música. Este género artístico siempre da gozo y esperanza y esos son dos elementos básicos en la vida de un ciudadano. Desde el niño hasta el adulto la música es esperanza, de manera que es una misión espiritual maravillosa que tiene, además, un aporte cultural y artístico al país. La música es un lenguaje invisible, con un potencial semántico y un alcance que no tiene límites; por eso es el vehículo más expedito para lograr en un instante conciliar las audiencias, las familias, los vecinos y la sociedad.

RESABIOS DEL POSITIVISMO

Las conversaciones que componen *Álbum de familia* permiten trazar un bosquejo de la situación de la cultura en el país, donde a pesar de cierta prosperidad que viven la literatura y la cinematografía desde la creación del Ministerio –debido a la cantidad de títulos impresos y las películas nacionales producidas anualmente–, otras artes, como la plástica y el teatro, han retrocedido. En esta opinión coinciden intelectuales de opiniones contrapuestas como Carmen Hernández, Javier Vidal y Román Chalbaud. Hernández, por ejemplo, lamenta que la figura del curador esté en extinción debido a un «proceso gravísimo de desprofesionalización que ha sido impulsado por las propias directrices de las políticas estatales». Mientras Chalbaud se queja de que la Compañía Nacional de Teatro de hoy no se parece en un ápice a la que dirigió su amigo Isaac Chocrón, Vidal resiente la desaparición de los espacios para la actuación y evalúa como lo más grave «la falta de medidas enfocadas a la proyección del teatro nacional en el interior».

En contraposición con estas realidades, El Sistema creado por José Antonio Abreu –apenas una parte del amplísimo sector musical– funciona con la exactitud de un reloj, por lo que en esta institución Venezuela tiene su organización cultural más importante: No solo proyecta la cultura nacional dentro y fuera del país, sino que ofrece herramientas para la autonomía de los niños a los que saca de la pobreza enseñándoles a tocar un instrumento. Allí deberían radicar las fronteras de las políticas culturales de todas las áreas del país: trascender las posiciones estéticas que relegan el arte a la concepción de simple adorno y colocarlo como una estructura capaz de generar herramientas para la construcción de ciudadanos.

Pero, si bien las fotografías de la situación de las artes del país constituyeron una dimensión importante en este *Álbum de familia*, la consideración que guiaba las entrevistas era indagar en la identidad nacional. Muchos convocados en las páginas anteriores se resisten a pensar en los problemas culturales en términos de identidades. Antonio López Ortega, por ejemplo, prefiere hablar de «cosmovisión cultural», que alude a cómo se percibe a sí misma en el espacio y en el tiempo una determinada población y Gisela Kozak Rovero ensaya la categoría del historiador Manuel Caballero «conciencia nacional», que le permite hablar de la manera de asumirnos como venezolanos, la realidad de pertenecer a una geografía, historia y cultura que «implica que todos nos sentimos interpelados por pertenecer a un país». La antes citada Hernández preferiría que se analizaran asuntos de ciudadanía, lo cual permitiría implementar una cultura de trabajo y de desarrollo institucional.

Marcelino Bisbal, por su parte, se niega a admitir un tipo de identidad nacional que esté aislada del resto del mundo, pues los medios radioeléctricos reconfiguran constantemente nuestra visión de nosotros mismos como individuos y como grupo social; por eso el comunicólogo prefiere hablar de identidades «glocalizadas» en las que se cruzan las características locales con los rasgos mundiales.

Las categorías señaladas por los especialistas en gestión y cultura podrían ayudar a pensar la identidad de los venezolanos no como un ser, sino como un quehacer, es decir, como un asunto activo. Esto, según aconseja el psicólogo Áxel Capriles, ayudará a desmontar ciertas visiones esencialistas del gentilicio nacional.

Saber qué se encuentra también detrás de tales esencialismos ocupó el grueso de este libro, con el objeto de determinar qué visiones sobre las mentalidades de los venezolanos comparten seguidores y detractores de la Revolución Bolivariana. El tema de discusión que surgió en las conversaciones fue la herencia negativa del positivismo en la psique nacional.

Tal como lo propuso a mediados del siglo XIX el francés Auguste Comte, el positivismo era el tercero de los tres estadios de la vida intelectual de una comunidad, en el cual los fenómenos sociales podían explicarse según la observación y el análisis científico. En Venezuela, a esta corriente filosófica que se estableció alrededor del año 1884 y duró más que en cualquier otra parte de la región se le relacionó con el darwinismo social que señalaba que la evolución social podía explicarse por medio de leyes biológicas, como la supervivencia del más apto. Estas escuelas de pensamiento interpretaron a la sociedad venezolana como una que, por taras geográficas, físicas o históricas estaba condenada fatalmente a no llegar nunca a la democracia.

Si el positivismo caló tan bien en la mentalidad venezolana del siglo XIX es porque tenía asideros culturales para ello, al proponer la continuidad de una manera de pensar que venía desde la época de la colonia: la idea de un pueblo de bárbaros y herejes que necesitaban ser civilizados y evangelizados, con el objeto de que encontraran a la vez el bienestar social y la gracia divina. Por ello, un grupo minoritario de individuos estaba llamado a dominar a otro mayoritario, bien sea a través de la figura del sacerdote o la del encomendero. «La Ley Canónica de 1687 proclamaba que Venezuela era multitud promiscua que dependía de los padres de familia, es decir, los blancos criollos que son el soporte del trono y de la Iglesia. Esta clase social, en condominio con el gobierno y la Iglesia administraban a los ineptos que eran la multitud», contó Elías Pino Iturrieta durante nuestra conversación.

La idea de que una comunidad está condenada a la incom-
petencia es un prejuicio del racismo colonial y es el origen de ciertas actitudes que se mantuvieron hasta bien entrado el siglo XX y
que Luis Britto García identificó como la necesidad que tuvieron
algunas élites políticas de «'blanquear' el país con grandes torrentes de inmigración caucásica», como las leyes que favorecieron la
migración de europeos al país en la época de Marcos Pérez Jiménez.
Iraida Vargas, por su parte, alerta sobre la trampa de pensar que los
venezolanos no son racistas y advierte que «el mestizajismo», o la
ideología del mestizaje, iguala a los venezolanos «porque la Madre
Patria, que fue España, nos guió hacia la civilización, todos nos
mezclamos y eso hace que la sociedad venezolana no sea racista,
que sea igualitaria, que les dé oportunidades a todos por igual».
Para la antropóloga, el positivismo, más que proclamar la supremacía de una élite, instaló el eurocentrismo en el seno mismo de
la identidad nacional. Como reacción al racismo de ciertos grupos
sociales se fomentó el resentimiento en los otros, conscientes de
su supuesta minusvalía. Por eso, Ana Teresa Torres señala en *La
herencia de la tribu* (2010) que el imaginario nacional venezolano aparece escrito en una gramática vindicativa y reivindicativa.
También por eso, Capriles sugiere que hay que construir en los
venezolanos la conciencia de la responsabilidad para que unos no
proyecten las causas de sus males sobre los otros.

   Con el término de la era colonial en el siglo XIX no cesó
el prejuicio sobre la ineptitud del pueblo y la necesidad de una
élite; más bien la paranoia contra los pardos se multiplicó con la
Guerra Federal, que se extendió entre 1859 y 1863, y que muchos
historiadores señalan como un momento de intensa discusión
sobre las razas y de ascenso social. Por eso dice Capriles que el
mestizaje venezolano, a pesar de que son hechos comprobados
históricamente los amancebamientos entre las indias y los colo-
nizadores, fue social y cultural más que étnico. Lo que instaló en
la mentalidad del venezolano el mestizajismo que Vargas critica

es el intenso proceso de igualación social que ocurrió a partir de las guerras de independencia y las revueltas populares que terminaron en la Guerra Federal. Kozak Rovero amplía esta idea al señalar que el mestizaje se traduce en igualitarismo y no en una conciencia colectiva. Tal situación, dice, hace que la sociedad venezolana se mantenga indiferente a las diversidades culturales, sociales, étnicas, de género y de orientación sexual, entre otras.

Como consecuencia de la paranoia racial del siglo XIX, sus últimas décadas y las primeras del XX vieron una sucesión de caudillos en la Presidencia de la república. El único capaz de rodearse de un elenco de intelectuales que lo validaron culturalmente fue Juan Vicente Gómez. Prueba de esto es que Laureano Vallenilla Lanz publicó durante la dictadura su ensayo más famoso, *Cesarismo democrático, estudios sobre las bases sociológicas de la constitución efectiva de Venezuela* (1919), donde enuncia su teoría del «gendarme necesario», según la cual las incesantes guerras desatadas en el país durante el siglo XIX demostraban que los venezolanos no estaban listos para regímenes de libertades como la democracia, que conllevaban más responsabilidades políticas y, por eso, necesitaban líderes de mano dura en el gobierno.

Asociada al «gendarme necesario» está la idea atávica que Torres identifica como «fundamentalismo heroico», según la cual el único momento de esplendor para Venezuela fue la Independencia y nada de lo que hagan sus habitantes en el presente o en el futuro lo mejorará. Esto trae como consecuencia el desprecio a los aportes civiles a la sociedad. Por eso, Vargas y López Ortega recomiendan neutralizar el discurso heroico con la introducción del discurso civil en la historia oficial o implementando una cultura del trabajo y de las instituciones. «Darle la vuelta a la historia» y «hablar de la gente común», aconseja la antropóloga.

El culto a Bolívar está en el centro de esta supremacía heroica. Torres y Pino Iturrieta señalan que este es la teología de la venezolanidad. «El desarrollo de nuestro proyecto nacional oficializa al Libertador como figura central y lo pone como soporte del proyecto nacional de las élites de todas las etapas gubernamentales del país, desde Juan Vicente Gómez hasta Rafael Caldera, pasando por Eleazar López Contreras», según explica el historiador. La obsesión nacional con el líder mesiánico, que tiene sus raíces en los postulados de las élites positivistas –por cuanto señala a un ungido o grupo de ellos para conducir el país–, adquiere en el culto bolivariano sus tenores más preocupantes. «No sé si se puede resolver la obsesión nacional con el héroe», dice Torres: «en todo caso se puede mitigar con un discurso civilista, institucional, que proponga que las sociedades necesitan transformaciones pero desde sus posibilidades civiles, ciudadanas y políticas en el sentido literal de la palabra».

La idea del pueblo incapacitado, que es la otra cara de la moneda en el culto heroico, no desapareció ni siquiera cuando se estableció la democracia en el país, pues los mismos partidos políticos la utilizaron a su favor. Por ejemplo, como perfil del venezolano en la década de los años cuarenta, Acción Democrática propuso a Juan Bimba, la imagen de un campesino débil de cabeza baja y sombrero en la mano que no sugiere el empoderamiento popular necesario en la democracia. Como antítesis a Juan Bimba, la Revolución Bolivariana propone en la actualidad el concepto del «bravo pueblo», en el cual se unen dos ideas: la de una masa marginal que ha sido visibilizada gracias a las gestiones del chavismo y la atávica imagen de los herederos de la gesta independentista emprendida por Bolívar, a la que canta el himno nacional.

Si bien, como apunta Britto García, al final de la década de los años setenta AD prescindió de Juan Bimba, por considerarlo un símbolo añejo para un partido que presumía de progresista, no desapareció la idea que sintetizaba: la del venezolano necesitado de un rector. Aunque Carlos Noguera recalca la inclusión de los desposeídos en la gran narrativa de la nacionalidad venezolana y el ministro Pedro Calzadilla explica que la Revolución Bolivariana sometió a revisión el paradigma positivista que imperaba desde Antonio Guzmán Blanco, yo creo que algo quedó del pasado, porque a la imagen del bravo pueblo se le identifica con el liderazgo real y carismático de Chávez y con el simbólico y atávico de Bolívar, de la misma manera que a Juan Bimba y a Rómulo Betancourt se les asocia con AD.

Kozak Rovero explica, como síntesis irónica de lo expuesto hasta acá, que la reestructuración de la venezolanidad propuesta por la Revolución trasciende el discurso heroico entroncándose con las carencias económicas, políticas, sociales y educativas del país, «hábilmente explotadas por las variables populistas de nuestro Estado rentista que se define como el benefactor de los desposeídos. El pueblo irredento de la Tierra de Gracia necesita, pues, de un Estado fuerte que haga justicia. Aquí, la Revolución realiza una vuelta de tuerca: ya no somos la sociedad mestiza e igualitaria que se asentó en el imaginario social desde la década de los años cuarenta, sino el pueblo multirracial cuya heroica historia ha sido truncada por el imperialismo y la voracidad de las oligarquías. Somos indígenas, afrodescendientes, negros, pardos y zambos sometidos a la supremacía de las élites blancas y europeas, y si bien estamos unificados por nuestro pasado heroico, nuestra herencia comunitaria apunta a un solo destino: el socialismo, la igualdad absoluta, la justicia como destino final».

La declaración apunta a otra idea repetida entre las entrevistas: la necesidad de trascender el capitalismo rentista que mantiene al pueblo venezolano como parásito del Estado. «Mientras haya rentismo es difícil no caer siempre en el mismo hueco. Si hubiese sectores productivos que no dependieran del Estado y estos pudieran tener con este una relación en términos de poder para ejercer presión, el Estado tendría que responder. En esa estructura es el ciudadano quien mantiene al Estado (a través de los impuestos y de otros mecanismos) y al Presidente y no viceversa», explica Margarita López Maya.

Para la académica, el petróleo fue la única verdadera revolución de la nación, porque construyó la unión entre los venezolanos, como beneficiarios de la nueva economía. El problema es que eso creó un sistema de dependencia y una sensación de igualdad que está sustentada en qué y cuánto se percibe de la renta petrolera. «En el país ni siquiera sabemos diferenciar la sociedad del Estado», dice en su entrevista: «mientras que en las naciones modernas la sociedad es una cosa y el Estado otra, una estructura donde se cristalizan fuerzas muy diversas, nosotros tenemos problemas, incluso, para diferenciar lo público de lo privado». Aconseja la reconstrucción institucional que permita separar a los ciudadanos del Estado, pues advierte que a pesar de que con la Revolución Bolivariana se colocó en el centro a las clases populares, se ha acentuado el capitalismo rentista. Agrega que este modelo económico sustentado en la renta que recibe el Estado por la venta de los hidrocarburos en mercados internacionales, independientemente de la capacidad productiva de la nación, convierte a masas de venezolanos en vasallos de su gobierno y no en ciudadanos capaces de hacer exigencias.

Al ministro Calzadilla le incomoda la contradicción del consumismo en el seno de un proyecto que se precia de socialista: «El pueblo que vota por Chávez y que dice que el socialismo es el modelo y lo apoya como sistema, es el mismo prisionero del sistema de valores del capitalismo y va a los centros comerciales y se vuelve consumista, aunque igual se moviliza y vota por Chávez». Para Vargas, estos comportamientos son consecuencia de una idea de éxito superficial que se mide en la apariencia o en el poder adquisitivo del venezolano. Esto se debe a que «la creación de valores todavía no se ha logrado por falta de sincronía entre las políticas del Ministerio de Educación y el de Cultura».

Ambas reflexiones pueden asociarse con la de López Maya, pues en la base del capitalismo rentista y del consumismo de los venezolanos está la paradoja de la abundancia a la que aluden

Capriles y Pino Iturrieta. No se trata solo de que el hallazgo del petróleo y la multiplicación de la renta hiciera indispensable la imagen de la nación petrolera, sino que a esta se le suma la impresión de vivir en una Tierra de Gracia que data de la época del mito de El Dorado, manteniéndose invariable desde entonces la asociación de la riqueza a los recursos naturales del país. El problema, según lo discutido en este libro, es que aquello que no se gana con trabajo se asocia con una dádiva y tiende a derrocharse. En consecuencia, los venezolanos prefieren el consumo antes que el ahorro, pues piensan que las riquezas del suelo son inagotables. El problema es que esto eterniza el ciclo que los convierte en vasallos del Estado.

La reflexión que dejan estas quince conversaciones es que los resabios del positivismo solo podrán borrarse cuando los venezolanos trasciendan la minusvalía a la que los condena esta mentalidad y se articulen como ciudadanos capaces de hacerle exigencias a su Estado. Las claves para esto quizá puedan hallarse al resolver los problemas más urgentes de la cultura nacional, como la revisión de las políticas públicas y la discusión de una ley para el sector. Esto puede sentar las bases para resolver necesidades generales como la de fortalecer el aparato institucional de la nación, discutir el impacto de los discursos foráneos de una manera creativa y sintética para impulsar cambios en el país, así como desvincular las ideas de modernidad y progreso de las de moda y consumo. De esa manera la cultura podría convertirse en la herramienta de cohesión entre los venezolanos.

AGRADECIMIENTOS

El libro que toca su fin con estas páginas tiene dos cómplices: Ulises Milla y Carola Saravia. Sin el apoyo y la amistad de mis editores no habría podido llevar hasta el final este proyecto, no tanto por la dificultad de la tarea presentada sino por mis propias inseguridades. El compromiso adquirido con ellos fue el motor para dedicarme a trabajar durante las innumerables noches en vela robadas al cansino redundar del diarismo que contribuyeron a darle forma a este proyecto. Mi admiración por el trabajo que realizan en Alfa se renueva con cada título de este sello que leo. Para mí es un honor entrar en su catálogo. Gracias también a Mariana, Eva, Silvia y Reynaldo, porque también hacen Alfa y porque también quisieron tenerme paciencia.

Tampoco sería nada este libro sin las voces que lo componen. Por eso quiero agradecer a los hombres y mujeres que me prestaron su tiempo, respondiendo cuestionarios y conversando conmigo sobre las mentalidades que pueblan nuestra ciudad letrada. Elías Pino Iturrieta, Luis Britto García, Áxel Capriles, Carmen Hernández, Javier Vidal, Román Chalbaud, Marcelino Bisbal, Iraida Vargas, Margarita López Maya, Ana Teresa Torres, Pedro Calzadilla, Antonio López Ortega, Carlos Noguera, Gisela Kozak Rovero y José Antonio Abreu tejen la polifonía de estas páginas con sus palabras y sus pensamientos.

Varias de estas entrevistas no habría llegado a realizarse sin la ayuda desinteresada de cuatro personas. Sin las gestiones de

María Elena Rodríguez, el ministro Calzadilla no habría podido abrir un hueco en su agenda y sin la persistencia, durante más de ocho meses, de Patricia Rodríguez Orozco, nunca habría podido siquiera aproximarme al maestro Abreu. A Alberto Sáez, cuya ayuda en mi investigación fue importante, le debo mucho, porque también me levantó cada vez que me caí. Para todo lo demás que surgiera, como reza la cuña de la Master Card, estuvo Yaya Andueza, con su buen humor y su vocación para ayudar. A los cuatro les estoy en deuda. Pero también a muchos amigos más tengo que agradecerles la confianza en mí y en mi trabajo: sin sus palabras de aliento y sin las horas que gastaron en escucharme repitiendo las ideas, las tesis y algunas conclusiones que guiaron estas entrevistas, no habría terminado nada. También es justo que anote aquí la presencia de mis compañeros de la sección de Escenas de *El Nacional*: les estoy agradecida por su comprensión, aunque muchos supieran poco de este proyecto. Finalmente, también creo que debo dar gracias a mi hermano, Marcel Roche, porque siempre aparece cuando más se le necesita. Y eso es invaluable.

Sin la valiosa colaboración de cada uno de ustedes, esta publicación no existiría. Así que la verdad es que es más de ustedes que mía. Gracias.

TRABAJOS CITADOS

Arenas, Z. y Borzacchini, C. (2002, febrero 18). «Misterios de la creación». *El Nacional*, Cuerpo C, p. 8.

Asuaje, L. (2008, julio 14). «Un país que se resuelve en la calle». *El Nacional*, p. 4.

Audi, R. (Ed.). (2005). *The Cambridge Dictionary of Philosophy* (2.ª ed.). Nueva York: Cambridge University Press.

Barrera Linares, L., González Stephan, B. y Pacheco, C. (Eds.) (2006). *Nación y Literatura. Itinerarios de la palabra escrita*. Caracas: Editorial Equinoccio y Fundación Bigott.

Barrera Linares, L. y Pacheco, C. (1997). *Del cuento y sus alrededores. Aproximaciones a una teoría del cuento* (2.ª ed.). Caracas: Monte Ávila Editores Latinoamericana.

Barthes, R. (1972). *Mythologies*. (T.A. Lavers, Trad.) Nueva York: Hill and Wang Editors.

Bisbal, M. (Ed.). (2009). *Hegemonía y control comunicacional*. Caracas: Editorial Alfa.

Britto García, L. (2003). *Abrapalabra*. Caracas: Monte Ávila Editores Latinoamericana.

Britto García, L. (2008). *Socialismo del tercer milenio*. Caracas: Monte Ávila Editores Latinoamericana.

Caballero, M. (2001). «Conciencia nacional y conciencia histórica». En C.E. Alemán y F. Fernández, *Los rostros de la identidad* (pp. 197-204). Caracas: Fundación Bigott y Editorial Equinoccio.

Caballero, M. (2007). *La crisis de la Venezuela contemporánea (1903-1992)*. Caracas: Alfadil Ediciones.

Caballero, M. (2010). *Historia de los venezolanos en el siglo XX.* Caracas: Editorial Alfa.

Capriles, A. (2008). *La picardía del venezolano o el triunfo de Tío Conejo.* Caracas: Taurus Pensamiento.

Capriles, A. (2011). *Las fantasías de Juan Bimba. Mitos que nos dominan, estereotipos que nos confunden.* Caracas: Taurus Pensamiento.

Castro, E. (2011). *Diccionario de Foucault. Temas, conceptos y autores.* Buenos Aires: Siglo Veintiuno Editores.

Centro Nacional del Libro. (s.f.). *Carlos Noguera.* Revisado el 22 de febrero de 2012 el Catálogo de Autores: www.cenal.gob.ve%2Fagencia%2Fcarlos.htm&section=bing&wrt_id=343

Centro Nacional del Libro. (2012, mayo). *Página oficial del Cenal.* Revisado el 22 de julio de 2012 y tomado del Estudio del comportamiento del lector, acceso al libro y la lectura en Venezuela en 2012: http://www.cenal.gob.ve/cenal2011/sites/default/files/files/Presentaci%C3%B3n%20comportamiento%20Lector%2015-05-2012final.pdf

Consalvi, S.A. (2011, julio 24). «Diógenes y las camisas voladoras». *El Nacional.*

Coronil, F. (1997). *The Magical State.* Chicago: University of Chicago Press.

Da Antonio, F., Monroy, D., Niño Araque, E., Romero D.R., Salas A. y Vaamonde Berrizbeitia, C. (2005). *Diccionario biográfico de las artes visuales en Venezuela* (Vol. II). Caracas: Fundación Galería de Arte Nacional.

Delgado Flores, C. (2008, diciembre). «Políticas culturales en la administración Chávez: El espectáculo de las miserias». *Revista SIC*, 500-503.

Dolara, N. (2007, octubre 8) «Soy un escritor que piensa en imágenes» *El Nacional*, Escenas p. 3.

Edgar, A. y Peter, S. (Eds.). (2005). *Cultural Theory: The key concepts.* Nueva York: Routledge.

ENcontrARTE. (2012, febrero). *Aporrea.* Tomado el 19 de julio de 2012 de Debemos quitar los velos que impiden la visibilzación de las mayorías: http://encontrarte.aporrea.org/79/entrevista/.

El Diario de Caracas. (1993, diciembre 5). José Antonio Abreu: "El hombre que dice adiós o hasta luego", p.4.

Falcón, D. (2011, febrero 12). *El Universal.* Tomado el 21 de julio de 2012 de Sesto dio un balance cultural sin números: http://www.eluniversal.com/2011/02/12/til_art_sesto-dio-balance-cu_2189096.shtml.

Falcón, D. (2012a, abril 20). *El Universal.* Pedro Calzadilla: «Los museos tienen mayor libertad». Tomado el 18 de julio de 2012 de: http://www.eluniversal.com/arte-y-entretenimiento/120420/pedro-calzadilla-los-museos-tienen-mayor-libertad.

Falcón, D. (2012, julio 2b). *El Universal.* Tomado el 22 de julio de Lo que hemos hecho está en revisión: http://www.eluniversal.com/arte-y-entretenimiento/120702/lo-que-hemos-hecho-esta-en-revision.

Fanon, F. (1967). *Black Skin, White Masks.* Nueva York: Grove Press.

Freire, P. (2006). *Pedagogía de la indignación* (2.ª ed.). (P. Manzano, Trad.) Madrid: Ediciones Morata.

García Canclini, N. (1992). *Culturas híbridas. Estrategias para entrar y salir de la modernidad.* Buenos Aires: Editorial Sudamericana.

García Canclini, N. (1997). *Ideología, cultura y poder. Cursos y conferencias. Segunda época.* Buenos Aires: Secretaría de Extensión Universitaria, Universidad de Buenos Aires.

Gomes, M. (Julio-diciembre de 2010). Modernidad y abyección en la nueva narrativa venezolana. *Revista Iberoamericana*, 821-836.

González Stephan, B. (1999). *Cuerpos de la nación. Cartografías disciplinarias.* Tomado el 2 de junio de 2012 de Gothenburg

University Publications Electronic Archive: http://gupea.ub.gu.
se/bitstream/2077/3213/2/anales_2_gonzalez.pdf

González, J. A. (2010, junio 22). FORO DEL LUNES. Javier Vidal:
«El arte arropado por el gobierno termina produciendo obras
bastardas». *El Nacional*, Escenas, p. 4.

Guerrero, G. (2011, mayo 14). «Narrativa venezolana contemporánea: Problemas, tendencias y transformaciones del campo
literario». *El Nacional*, Papel Literario, pp. 1 y 2.

Hernández, C. (2007, mayo 26-28). La mercantilización de la cultura
y las prácticas artísticas como rebeldía discursiva. Tomado el
29 de marzo de 2012 de Plataforma de Arte Contemporáneo
(PAC): http://www.plataformadearte.net/

Izaguirre, R. (1997, mayo 8). «Pandemónium: un filme de Román
Chalbaud». *El Nacional*, Cuerpo C, p. 8.

June, L. y Vásquez, O. (2006). *Objetual: Asuntos de diseño*. Tomado el 21 de julio de 2012. Se cambia la imagen de 35 entes
culturales por la del Ministerio de la Cultura: http://www.
objetual.com/graf/editorial/logos_cultura/dossier.htm

Khan, O. (1997, agosto 11). «Román Chalbaud: Un universo poé-
tico en dieciocho películas». *El Globo*, Arte, p. 34.

Kozak Rovero, G. (2008). *Venezuela, el país que siempre nace*. Caracas: Editorial Alfa.

Lacan, J. «The Mirror Stage as Formative of the Function of the I
as Revelaed in Psychoanalytic Experience». En L. Cahoone
(Ed.), *From Modernism to Posmodernism: An Anthology* (pp.
195-199). Oxford, Reino Unido: Blackwell Publishing.

Levy, T. (2010, diciembre 12). «Hay que construir una memoria
civil de Venezuela». *El Nacional*, Siete días, p. 4.

Liendo, O. (2005, mayo 23). «Lo que no soy y nunca he sido es
panfletario». *El Nacional*, p. 10.

Linares, A. (2006, noviembre 20). «Cuando Chávez niega estos
50 años, nos está negando a nosotros mismos». *El Nacional*,
Escenas, p. 3.

López Ortega, A. (1995, noviembre 5). «La sociedad no tiene quien la piense». *El Nacional*, Cuerpo C, p. 3.

López Ortega, A. (1996, diciembre 29). «Perfectamente moderno». *El Nacional*, Papel Literario, p. 2.

López Ortega, A. (2006). *Las voces secretas. El nuevo cuento venezolano*. Caracas: Alfaguara.

Majo, M.B. (2004, agosto 31). «Sobredosis: Los desafíos de Margarita». *El Nacional*, Cuerpo A, p. 7.

Moleiro, A. (2007, enero 21). «No tengo claro si el socialismo chavista será democrático». *El Nacional*, Cuerpo A, p. 2.

Movimiento al Socialismo. (n.d.). *Página web del MAS*. Tomado el 4 de agosto de 2012 de Historia: http://www.masvenezuela.com.ve/historia/.

Miranda, J. (1997, abril 6). «Narrativa venezolana para el siglo XXI». *El Nacional*, Papel Literario, p. 2.

Noticias, A.V. (2012, mayo 29). *Alba Ciudad*. Tomado el 19 de julio de 2012 de Pedro Calzadilla reitera que artistas venezolanos contribuyen con la construcción de la patria: http://albaciudad.org/wp/index.php/2012/05/pedro-calzadilla-reitera-que-artistas-venezolanos-contribuyen-con-la-construccion-de-la-patria/.

Ojeda, A. (2012, abril 25). Tomado el 10 de julio de 2012 de El Cultural: http://elcultural.es/noticias/LETRAS/3098/Vargas_Llosa_y_Gilles_Lipovetsky_alta_cultura_vs_cultura_de_masas.

Ortiz Guinand, E. (2006, junio 7). *ExtemForáneo*. Tomado el 11 de marzo de 2012 de Breve Bosquejo biográfico de mi abuelo Rafael Guinand: http://extempforaneo.net/wordpress/raices/mi-abuelo-rafael-guinand/breve-bosquejo-biografico-de-rafael-guinand.

Página Web de Fesnojiv. (2012, abril 24). Tomado el 14 de julio de 2012 de Concierto Inaugural del programa Alma Llanera: http://www.fesnojiv.gob.ve/es/conciertos/1233-concierto-inaugural-del-programa-alma-llanera.html.

Página Oficial de VTV. (2012, abril 19). Tomado el 14 de julio de 2012 de Proyecto Alma Llanera: http://www.vtv.gov.ve/index.php/culturales/80836-proyecto-alma-llanera-incorporara-41170-ninos-a-orquestas-de-musica-tradicional.

Pasquali, A. (1980). *Comprender la comunicación.* Caracas: Monte Ávila Editores Latinoamericana.

Pino Iturrieta, E. (2008). *Ideas y mentalidades de Venezuela.* Caracas: Editorial Alfa.

Prieto, H. (2002, junio 8). «Los seguidores del presidente han entendido que la democracia les conviene». *El Nacional*, p. 4.

Primera, M. (2010). *La república alucinada. Conversaciones sobre nuestra independencia.* Caracas: Editorial Alfa.

Roche Rodríguez, M. (2009a, junio 15). «Estamos huérfanos de organizaciones autónomas y fuertes». *El Nacional*, Escenas, p. 3.

Roche Rodríguez, M. (2009b, julio 13). «Chacón fue el verdugo de RCTV y Cabello será el de Globovisión». *El Nacional*, Escenas, p. 3.

Sanoja Obediente, M., y Vargas Arenas, I. (2008). *La revolución bolivariana. Historia, cultura y socialismo.* Caracas: Monte Ávila Editores.

The New England Conservatory Web Page. (2012, marzo 29). Tomado el 14 de julio de 2012 de El sistema new friendship agreement: http://necmusic.edu/nec-el-sistema-new-friendship-agreement.

Torres, A.T. (2009). *La herencia de la tribu. Del mito de la independencia a la revolución bolivariana.* Caracas: Editorial Alfa.

Vargas Llosa, M. (2012). *La civilización y el espectáculo.* Madrid: Alfaguara.

Vidal Paradas, J. (2011). *Diógenes y las camisas voladoras.* Caracas: Editorial Melvin.

Wisotzki, R. (1994a, marzo 21). «La cultura fue por primera vez un buen tema para el país». *El Diario de Caracas*, Arte y espectáculos, p. 44.

Wisotzki, R. (1994b, marzo 22). «En los periódicos la cultura tuvo su batalla campal». *El Diario de Caracas*, Arte y espectáculos, p. 35.

Wisotzki, R. (1997, octubre 11). «Antonio López Ortega: 'A favor de una literatura menor'». *El Nacional*, Cuerpo C, p. 16.

Wisotzki, R. (2003a, junio 16). Carlos Noguera: «Este gobierno ha descuidado más allá de lo prudente el área cultural». *El Nacional*, p. 14.

Wisotzki, R. (2003b, julio 7). «Noguera dirigirá Monte Ávila». *El Nacional*, p. 14.

Young, R. J. (2003). *Postcolonialism. A very short introduction*. Oxford: Oxford University Press.

www.ingramcontent.com/pod-product-compliance
Lightning Source LLC
Chambersburg PA
CBHW020244290326
41930CB00038B/254